사는 동안 틈틈이 행복합시다

## 박근호

〈비밀편지〉를 첫 데뷔로 총 7권의 에세이를 썼다.

요즘 행복에 진심으로 관심을 가지면서

삶의 패턴이 바뀌고 있다.

행복도 노력이다. 노력해서 행복해져야 한다.

박근호 파리 산문집

Dear _____

# 사는 동안
# 틈틈이 행복합시다

히읗

일러두기
: 저자 고유의 글맛을 살리기 위해
 표기와 맞춤법은 저자의 스타일을 따릅니다.

**차례**

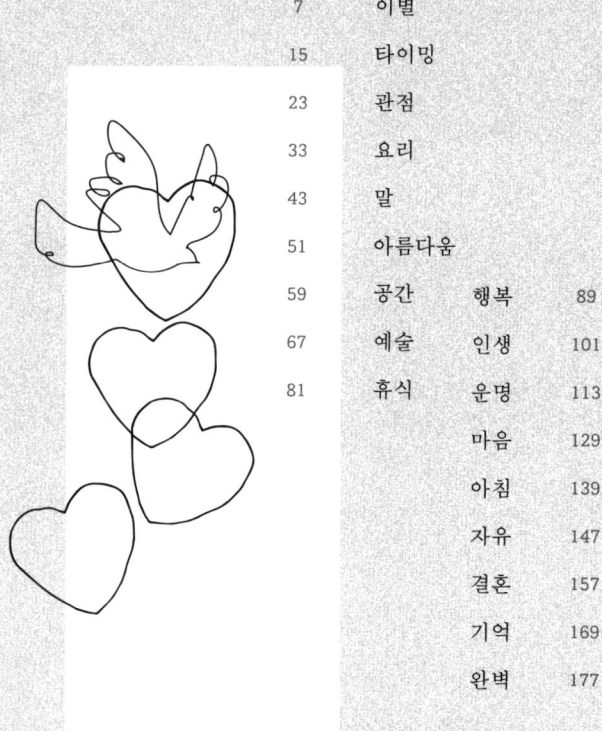

| | | |
|---|---|---|
| 7 | 이별 | |
| 15 | 타이밍 | |
| 23 | 관점 | |
| 33 | 요리 | |
| 43 | 말 | |
| 51 | 아름다움 | |
| 59 | 공간 | 행복 89 |
| 67 | 예술 | 인생 101 |
| 81 | 휴식 | 운명 113 |
| | | 마음 129 |
| | | 아침 139 |
| | | 자유 147 |
| | | 결혼 157 |
| | | 기억 169 |
| | | 완벽 177 |

———— 에필로그 186

# 'Séparation'
이별

하지만 공통점이 있다면
딱 한 번에 끝나지 않는 사랑이 많다는 것이다.

토요일 밤 11시에 비행기표를 끊었다. 다음 날 아침 11시에 파리로 가는 비행기다. 숙소까지 예약하고 긴 여행이 될 것 같아 중고 거래로 큰 가방을 하나 샀다. 이제 나에게 남은 시간은 10시간이다. 식물에 물을 주는 것부터 창문 열어 놓기, 설거지까지 모든 것을 마치고 쪽잠을 자니 어느덧 공항에 갈 시간이다.

반나절을 꼬박 날아서 도착한 파리는 저녁이었다.

충동적으로 보일 수 있는 여행은 사실 계획적인 것이다. 계획을 촘촘하게 하면 우연이 들어올 수가 없다.

빈틈과 행간이 있어야 그 사이에 우연이 들어온다. 이건 우연을 맞이하기 위해 철저히 계획된 여행인 것이다.

하루 전날 예약한 숙소치고는 위치가 무척 좋았다. 근처에 큰 공원도 있고 마트도 여러 개다. 마트에서 간단하게 음식을 사고 헬스장을 등록하고 숙소에 있는 가전제품, 난방기구 사용법, 동네 지리를 익히니 며칠이 지났다.

한국 시간에 맞춰 새벽에 일어나 업무를 본다. 간단하게 아침을 차려 먹고 운동을 간다. 늦은 오후에는 커피 한 잔 마시면서 책을 보고 저녁엔 다시 업무를 보거나 글을 쓴다. 주말엔 가보고 싶었던 곳에 간다. 과연 이 생활이 한국과 많이 다를까?

그렇지 않다. 4층을 내려와 두꺼운 철문이 쾅 하고 닫히면 그제야 파리에 있다는 것을 실감한다. 문이 유독 두껍고 높아서 그런지 그 문 하나로 세계가 나뉘는 느낌이다. 고된 외출을 마치고 큰 문이 쾅 하고 닫히면 집에 온 것 같다. 다시 그 문을 열고 밖으로 나가면 내가 이방인이라는 사실이 실감 난다.

한국과 비슷하게 지내더라도 떠나야 하는 이유는 공간과 생활이 바뀌면 생각도 바뀌기 때문이다.

가깝게 붙어있던 것들이 모두 멀어진다. 붕 떠 있던 마음도 머릿속을 가득 채운 소음도 가라앉는다. 그때 보이는 것들은 대부분 그런 것이다. 가족의 소중함, 안정된 일상의 힘, 익숙한 것이 주는 편안함, 그리움, 도무지 이해할 수 없었던 사람에 대한 이해 같은 것들.

꼼꼼하게 챙긴다고 챙겼지만 두고 온 것들이 있었다. 큰 가방을 아무리 뒤져도 찾는 물건이 보이지 않을 때면 그녀의 목소리가 들렸다.

"안 챙겼어? 그러니까 꼼꼼하게 보랬지."

좁고 가파른 계단을 내려갈 때도 목소리가 들린다.

"계단 조심해." 물가에 내놓은 아이처럼 나를 바라보는 눈빛도 선명하게 보인다. 거침없이 내려가던 계단을 천천히 걷는다.

"내일 아침에 가지." 밤늦게 마트에 갈 때도 목소리가 들린다.

이렇게 먼 곳까지 와서 잔소리가 귓가에 맴돌 줄이야.

그토록 많은 잔소리를 들은 연애는 처음이었다. 나는 내가 잔소리를 들을 일을 별로 하지 않는다고 생각했지만 나도 한낱 남자에 불과했다. 그녀의 눈에는 내가 볼 수 없는 것들이 보였다. 외출복을 입고 침대에 걸터앉는 일. 바쁘다고 운동복을 가방에 넣지 않고 대충 들고 다니는 것.

어차피 운전할 테니 괜찮다며 한겨울에 얇은 외투를 입는 것들. 그 장면이 하나하나 보였던 것도 우리가 가까웠기 때문이리라.

10년도 전에 딱 한 번 마주친 적 빼고는 헤어진 사람을 우연히 마주친 적이 없다. 어딘가로 이동할 땐 운전해서 다니고 만나는 사람과 가는 장소가 항상 단조롭기 때문이리라. 헤어진 사람을 우연히 다시 만난다는 건 나에게 영화 속에서나 있는 일이다.

모든 사랑은 개별성을 가진다. 서로 다른 이유로 끌리고 비슷한 이유로 끌리더라도 파고들면 각자만의 사연이 있다. 이별도 그렇다. 헤어진다는 사실은 동일하지만 파고들면 다 다른 이유로 헤어진다.

하지만 공통점이 있다면 딱 한 번에 끝나지 않는 사랑이 많다는 것이다.

우리 이제 그만 만나, 안녕, 혹은 서로에게 온갖 모진 말을 뱉어도 그 순간 사랑이 단번에 끝나지 않는다.

두꺼운 실을 무딘 가위로 자른 것처럼 몇 가닥이 남는다. 그 몇 가닥은 여러 번에 걸쳐 잘리기 시작한다.

그 사람이 잘 지낸다는 소식을 듣는다. 새로운 사람이

생겼다는 소식을 듣는다. 헤어진 뒤에 내 생활이 훨씬 더 만족스럽다. 붙잡고 싶어서 모든 걸 내려놓고 붙잡아 봤지만 도무지 잡히지 않는다.

온갖 일을 겪어야 몇 가닥 남은 실이 하나씩 하나씩 끊기다 마침내 완벽히 끊긴다. 이별한 뒤에도 이별이 몇 번 더 찾아와야 진짜 이별이다.

새벽에 일어나 평소와 똑같은 하루를 보냈다. 다른 점이 하나 있다면 운동을 쉬는 날이라 커피 한잔 마시고 산책할 예정이다. 이제 막 해가 뜨기 시작한 아침, 가파른 계단을 조심히 내려간다. 그녀의 잔소리와 함께.

아주 두꺼운 문이 쿵, 하고 닫힌다. 하루에도 몇 번은 듣는 소리인데 오늘은 문 닫히는 소리가 다른 말로 들린다.

안녕.

우리가 우연히 다시 만날 일은 없겠지.

끝나지 않을 것 같던 사이가 이렇게 우연처럼 끝나기도 한다.

## 'Timing'
타이밍

어떤
상태인 것이다.

운이 좋았다. 영어 과외 선생님이 도서관 하나를 추천해 줬다. 어떤 사람이 파리에서 도서관 투어를 하고 정리해 둔 게시물을 보내주면서 사진 속 7번 도서관 주소와 사전 가입을 할 수 있는 홈페이지를 보내줬다.

게시물에는 10개의 도서관이 있었는데 그중 가장 마음에 드는 게 7번 도서관이었다. 심지어 집에서 걸어서 십 분도 걸리지 않는다.

게다가 꽤 오랜 시간 동안 문을 열지 않았는데 마침 내일모레 개관을 한다.

이만한 타이밍이 있을까?

토요일 오전에 도서관 카드를 만들었다. 낯선 나라에

서 도서관을 등록한다는 게 쉽지 않은 일인데 나를 상담해 준 분은 근래 만난 사람 중 가장 친절했다. 오늘은 자리가 없어서 이용하려면 줄을 한참 서야 하고 일요일은 열지 않는다는 설명까지 덧붙였다.

카드를 만들고 지금까지 단 하루도 빠지지 않고 매일 도서관에 간다.

도서관에 앉아 책을 읽고 글을 쓰다가 생각에 빠진다. 나에게 영어를 알려주시는 선생님이 파리에서 도서관을 와 봤고 그 도서관은 심지어 집 바로 근처에다가 오랫동안 문을 열지 않은 상태였는데 마침 개관하는 이 모든 것을 확률로 계산할 수 있을까? 불가능하다.

타이밍 한번 기가 막힌다

라는 말로밖에 표현할 수가 없다. 타이밍이라는 것이 중요한 역할을 하는 건 이뿐일까. 사랑만큼 타이밍에 민감한 것도 없다. 그저 책 읽으러 간 것이 이렇게 겹겹이 우연이 쌓인 일이라면 사랑처럼 감정이 섞인 만남은 얼마나 많은 타이밍이 맞아야 가능할까.

한 남자와 여자가 만난다. 두 사람은 소개를 받았을 수도 있고 우연히 마주쳤을 수도 있다. 아니면 같이 일을 하는 사이였거나 오랜 친구 사이, 모임에서 만났을 수도 있다. 어쩌면 영화처럼 낯선 여행지에서 만났을지도.

서로를 알아가기 시작한다.

어린아이가 호기심 가득한 눈으로 세상을 바라보듯 서로에게 질문을 건넨다. 외모도 마음에 들고 대화도 제법 잘 통하는 것 같다. 둘의 사이는 발전한다.

사람에게는 누구나 때라는 것이 있다.

그 때라는 것은 사랑에도 적용된다. 두 사람은 마침 연애를 안 한 지 좀 됐기 때문에 이제 드디어 자신에게 때가 왔다고 생각한다. 제법 간지러운 말로 사랑을 시작한다. 그리고 두 사람은 그런 말을 나눈다. 타이밍 한번 기가 막힌다고.

사랑은 타이밍이 전부라는 말에 동의하지 않는 사람은 없을 것이다. 낯선 두 사람이 만나는 것도 서로를 알게 된 순간에 연인이 없는 것도 사랑할 여유가 있는 것도 타이밍의 영역이기 때문이다. 하지만 태초의 질문으로 올라가 본다. 인간은 과연 악하게 태어났는가 착하게 태어났는가. 닭이 먼저 인가 달걀이 먼저 인가처럼 태초로 올라가 보는 것이다. 한 개인이 사랑을 처음 시작할 때 과연 계산하면서 시작했을까, 아니면 자신의 모든 걸 다 퍼부으면서 시작했을까. 개인적인 경험으로 미루어 봤을 때 후자가 더 많을 거라는 게 나의 생각이다.

좋아하는 것과 사랑하는 것의 차이를 잘 알지도 못하는 나이였지만 사랑하는 사람이 생기자 펄펄 끓던 그 마음으로 계산을 한다는 건 도저히 불가능하기 때문이다.

뜨거운 것은 상처를 남긴다. 미숙한 것은 후회를 남기고 힘껏 당기면 되돌아오는 힘이 세다. 사랑에 전부를 내걸었던 사람은 자신이 상대에게 건넨 마음의 힘만큼 다친다. 괜찮다. 첫사랑이었으니까. 다시 또 힘을 내서 사랑을 시작한다. 이번에는 다를 거라고 생각하면서 시작했지만 비슷하게 끝난다. 이번에도 자신이 건넨 마음의 힘만큼 다친다.

사랑을 과연 해야 하는 걸까? 회의감이 드는 순간 좋은 사람을 만난다.

그 사람은 나를 다치게 하지 않을 거 같다. 내가 드디어 찾아 헤매던 사람이다. 하지만 이번에는 나로 인해 사랑이 끝난다. 너무 좋아한 나머지 자꾸 넘어진 것이다.

돌아와 달라고 아무리 빌어도 그 사람은 들은 척도 하

지 않는다. 이런 과정이 일어나는 순서는 달라도 대부분 비슷한 경험을 한다. 이제 다짐할 차례다.

다음부터 사랑을 할 땐 나를 지키면서 하겠다고. 마음을 조금만 줄 것이며 가끔은 거짓말도 하겠다고. 그렇게 해서라도 다시는 다치고 싶지 않다는 마음이 커진다. 사랑을 믿었다가 다시 사랑을 믿지 않는 날이 반복된다. 중요한 것은 사랑을 믿든 믿지 않든 언제나 사랑을 한다는 사실이다. 인간은 너무나 연약한 존재이기에 어떤 방식으로든 사랑이 존재하지 않으면 살아갈 수가 없다.

이제 다시 타이밍으로 돌아가 본다. 과연 사랑은 타이밍이라는 말에서 타이밍은 서로의 존재를 알게 되거나 옆이 비어 있는 것을 뜻할까?

사랑에 있어서 타이밍은 두 사람이 동시에 다시 한번 전부를 걸어보고 싶은 상태다.

한 사람은 사랑에 전부를 걸어보고 싶지만 다른 한 사람은 조금만 주겠다는 마음으로 시작한 사랑은 삐걱거리기 마련이다. 끝이 정해져 있다. 누군가는 반드시 상처받는다.

두 사람 다 마음을 조금만 주고 때로는 거짓말도 하겠

다며 시작한 사랑은 곁에서 보기에는 문제가 없어 보일 수 있지만 그 사랑은 빈 사랑이다. 화려하게 전시된 모조품에 지나지 않는다. 서로 건네는 말 사이에는 진심이 없고 대화는 있어도 마음이 오가지는 않는다. 이건 사랑이 아니라 공허함을 채우는 것뿐이다.

어떤 연애를 했든 어떤 상처를 받고 어떤 추억이 있든 그 모든 것을 다 미뤄두고 나는 너를 마지막 사람으로 생각해. 네가 나에게 상처를 주더라도 난 너에게 모든 것을 줄 거야.

넌 내 마지막 사람이니까.

언제 어떻게 시작을 하느냐 보다 더 중요한 것은 사랑에 대한 두 사람의 의지다. 같은 의지를 품고 있는 두 사람이 만났을 때야 비로소 말하는 것이다.

타이밍 한 번 기가 막힌다고.

'Perspective'
관점

온 세상이 아프다.
그 안에서 가장 연약한 인간이라고
아프지 않을 수 있겠는가.

파리에서의 첫 약속이다. 상상하지도 못한 일이었다.

일 년 전쯤 글쓰기 수업을 들으셨던 분이 여자 친구와 함께 순례길을 걸었다. 순례길은 프랑스에서 시작하고 스페인에서 끝나는 게 보통이다. 그렇기 때문에 스페인에서 한국으로 들어가는 경우가 많은데 순례길을 마치고 다시 프랑스로 온 것이다.

이유는 여자 친구가 불어 전공이라 프랑스에서 일 년 살았기 때문에 같이 와 보고 싶어서였다. 마침 파리로 돌아오는 기간에 나도 파리에 있어서 저녁 약속을 잡게 됐다.

여자 친구분도 예전에 잠깐 뵌 적이 있기 때문에 가볍

게 인사를 하고 얼른 음식을 시켰다. 낯선 나라에서는 그 나라 언어를 할 수 있는 사람이 옆에 있으면 삶의 질이 달라진다.

그동안 어떻게 지냈냐는 이야기를 시작으로 순례길만큼 긴 이야기들이 펼쳐졌다. 숙소에서 허리에 칼을 차고 자는 사람을 만나 새벽에 그냥 나왔다는 것. 오히려 살이 빠질 줄 알았는데 밤마다 와인을 마셔서 그런지 아무리 걸어도 몸무게가 그대로였다는 것. 프랑스에 와 보니 여자 친구가 왜 여기서 살았는지 알 것 같다는 것.

하지만 무엇도 이야기의 정점은 아니었다. 그날의 정점은 프러포즈다.

두 사람은 만난 지 얼마 되지 않았을 때부터 결혼 이야기를 주고받았다. 같이 예물을 보러 간 적도 있을 정도.

순례길을 가게 되면서 남자 친구는 프러포즈를 하려고 같이 예물을 봤던 가게 중 한 곳에서 반지를 샀다. 가방에 몰래 잘 숨겨서 순례길 도중 프러포즈를 했는데 여자 친구도 프러포즈를 하려고 반지를 가져온 것이다. 심지어 같은 가게에서 산 반지였다.

이 얼마나 멋진 일인가.

두 사람은 아무리 결혼을 이야기를 주고받았더라도 거절당하면 어떡하냐는 걱정이 있었지만 같은 가게에서 반지를 준비해 온 것을 보고 오히려 사랑이 더 깊어졌다고 했다.

두 사람은 고등학교 동창이다. 그땐 별로 친하지 않았고 심지어 여자 친구는 그때 당시에 남자 친구를 별로 좋게 보지 않았다고 했다. 나이가 들고 우연히 만나게 됐는데 남자는 글쓰기 수업을 듣고 있었기 때문에 글쓰기를 배우고 있다고 말했다. 여자가 보기에는 전혀 글쓰기를 좋아하지 않을 것 같았는데 새로운 모습에 다르게 보였다고 한다. 그 이야기를 시작으로 연애가 시작됐다.

이제 두 사람은 모든 것을 함께 의논한다. 앞으로 어떻게 살지 어디를 여행할지 오늘 저녁은 뭘 먹을지를 함께 고민한다. 함께 고민하기로 선택한 것은 두 사람이 세상을 바라보는 시선이 비슷했기 때문일 것이다. 오랜만에 만난 두 사람은 얼굴도 닮아 있었다.

늦은 술자리가 끝나고 같이 지하철역까지 걸었다. 쇼핑몰과 연결되어 있는 지하철은 규모도 크고 출입구도 무척 많다. 두 사람이 이용했던 출구는 시간이 늦어서 닫은 것 같았다. 내가 나왔던 출구는 아직 열려있을지 모르니 그곳으로 함께 향했다. 십 분 정도 출구를 찾기 위해 길을 헤매고 있었는데 앞에서 손잡고 나란히 걸어가는 두 사람을 보니 어쩌면 나만의 생각일 수도 있겠다는 생각이 들었다.

나에게는 길을 찾아 헤매는 이 시간이 두 사람에게는 그저 늦은 밤의 좋은 추억이겠구나.

사람이 누군가에게 빠지는 것은 여러 이유가 있다. 어릴 땐 외모의 비중이 크고 그 다음엔 성격을 보고 그 다음엔 정신세계를 보는 것으로 조금씩 바뀐다. 외모는 겉모습이고 성격은 착한지 나쁜지 다정한지 아닌지 같은 것이고 정신세계는 그 사람을 구축하고 있는 구조 같은 것을 보는 것이다.

힘들거나 미안할 때 어떻게 행동하는지 다툴 때는 어떻게 대처하는지 같은 것은 그 사람을 구축하고 있는 정신세계다.

그 구조는 관점으로 나타난다. 관점은 세상을 바라보는 시각이다.

가령 비가 왔을 때 비가 와서 커피가 더 맛있겠다고

말하는 사람이 있고 비가 오면 찝찝해서 싫다고 하는 사람이 있다. 두 사람이 긍정적인가 부정적인가를 나누는 것이 아니라 비에 관한 관점이 다른 것이다. 관점은 아주 작은 사실부터 인생을 결정하는 중요한 선택을 내리는 거까지 강한 영향을 끼친다.

문제는 관점을 형성하는데 시간이 오래 걸린다는 것.

20대 초반의 연애는 관점의 차이가 별로 나지 않는다. 성격이 다를 확률은 높아도 관점 자체가 다를 확률은 높지 않다. 세상을 보는 나만의 시선이 생기기 전이기 때문이다. 하지만 시간이 지나면서 여러 경험을 하다 보면 자연스럽게 관점이라는 것이 생긴다. 나이가 들고 시작한 사랑이 더 어려운 것은 관점의 충돌이 많기 때문이다. 그땐 관점을 바꾸는 것이 쉽지 않다.

서로 다른 환경에서 다르게 살아오다가 만나게 되는 것이 사랑이라는 걸 알고 있다. 그렇기에 대부분의 사람은 서로 다른 점을 조율할 의지가 충분히 있다. 하지만 비도덕적이거나 도저히 상식으로 납득하기 어려운 관점의 차이는 좁힐 수가 없다. 서로 세상을 바라보는 시선이 극명하게 다른 것도 좁힐 수가 없다.

숨기려면 청혼 반지를 숨기고 열 몇 시간 비행기를 타고 며칠을 걸을 수 있다.

숨기려면 연인이 있는 상태에서 다른 사람과 몰래 여행을 다녀올 수도 있는 게 사람이다.

세상을 바라보는 관점과 가치관이 이렇게나 차이 날 수 있다. 요즘 같은 시대에는 더욱더 그렇다. 사랑이 상실된 시대다. 공감이 결핍되고 자기 자신만의 이득이 가장 중요해지지 않았는가. 사랑에 필수적으로 따라야 하는 희생이라는 단어가 사랑을 떠나 모든 영역에서 멀어지기 시작했다. 먹고 사는 것은 점점 각박해지고 그 안에서 문화와 기술이 발전하고 변화하는 속도는 훨씬 빨라졌다.

빠른 속도로 변화는 세상과 그 안에서 가장 높은 가치로 물질이 손꼽히는 환경에서 인간의 영혼은 길을 잃는다. 중요하다고 생각했던 것에 의심을 품고 중심을 잡지 못하고 이리저리 흔들린다.

사랑을 하지 않고 나 혼자 살면 충분히 행복하게 살 수 있는 세상이다. 정직하게 산다고 해서 누가 알아주는 것도 아니고 편법 쓰고 다른 사람 것을 훔쳐도 잘 살면 그만이라고 말하는 세상이 아닌가. 도처에 유혹이 깔려있고 그 유혹을 선택할 만한 이유가 무수히 많다.

아무리 날씨 변덕이 심했어도 절기는 잘 맞았다. 이제는 절기도 맞지 않기 시작했다. 입춘에 한파가 찾아오고 입추가 지나도 긴팔을 입을 수 없을 정도로 덥다. 지구와 온 세상이 아프다. 그 안에서 가장 연약한 인간이라고 아프지 않을 수 있겠는가.

모든 게 건강하지 않은 세상에서 건강한 것을 바란다는 것이 욕심일 수 있겠으나 그렇기에 더 빛나지 않을까.

어느 하루, 그날따라 유독 머리가 잘 매만져질 수 있다. 그날따라 유독 옷이 잘 어울릴 수 있고 그날따라 유독 얼굴이 좋아 보일 수 있다. 하지만 세상을 바라보는 관점과 취향, 가치관, 정서적 건강 같은 것은 하루아침에 되지 않는다.

요즘 정말 귀한 재능은 몸과 마음이 진심으로 건강한 것이다. 진심으로 건강하다는 것은 혼자 있는 시간을 잘 보냈다는 것이다. 최대한 좋은 선택을 내리려고 애쓰고 최대한 건강한 관계와 건강한 생각을 하려고 노력했다는 것이다. 몸과 영혼을 파괴할 수 있는 유혹 앞에서 자신만의 신념으로 견뎠다는 것이다.

자극이 넘쳐나는 시대에 건강한 마음으로 옳고 그른 것을 구분해 낼 줄 아는 것. 공감이 결핍된 시대에 건강한 몸으로 항상 다정한 것만큼 귀한 게 있을까.

이 얼마나 멋진 일인가.

'Cuisine'
요리

단순한 행위가 아니라
사랑을 건네는 한 방식이다.

최근에 산 물건 중 가장 마음에 드는 것은 자주 다니는 마트의 시장 가방이다. 엄청 튼튼하고 물건도 많이 들어간다. 심지어 일반 봉투와는 다르게 무거워도 손가락이 아프지 않다. 지금 머무는 집이 좋았던 것도 근처에 한인 마트 하나, 큰 프랑스 마트 하나가 있기 때문이다.

나는 요리에 진심이다. 어떨 때는 글 쓰는 것보다 훨씬 더.

맛있는 음식을 먹으면 내 나름대로 이게 왜 맛있을까 분석해서 메모장에 나만의 레시피를 적어놓는다. 집으로 향하던 길에 안 가본 쪽으로 가보고 싶어서 평소와 다르게 조금 돌아가는 길을 선택했다. 마침 점심시간이었으

므로 근처에 있는 식당들을 유심히 보다가 괜찮아 보이는 식당을 발견했다. 알고 보니 한국인 사장님이 하는 식당이었다. 살갑게 인사를 나누고 주문을 했다. 자주 가게 되면서 알게 된 사실이지만 프랑스 남편분을 만나 결혼을 하고 프랑스로 넘어온 지 10년 됐다고 했다. 아내분이 주문을 받으시고 남편분이 요리를 하신다.

아, 여기에 오려고 오늘 평소랑 다른 길을 가보고 싶었구나.

처음 나온 음식을 먹자마자 든 생각이었다.

좋은 올리브 오일에 감자와 양파 그리고 청어가 들어 있는 샐러드가 어찌나 맛있던지. 좋은 레시피를 배웠다. 같은 재료지만 다른 품종을 두 가지씩 써서 균형을 맞추고 재미를 주는 것이다. 흰양파와 적양파를 같이 쓰고 흑후추와 적후추를 같이 쓴다. 청어와 양파, 당근은 차갑지만 그 안에 들어있는 감자는 따뜻하기 때문에 한입 가득 먹으면 온도 차이 때문에 입안이 재밌다. 메모장에 자세히 기록을 해둔다. 언젠가 만들어 봐야지 하고.

사랑하는 사이에서 그게 가족이든 친구든 연인이든 음식이 차지하는 비중은 실로 어마어마하다.

밥 먹었어?

밥은 먹어야지.

밥 한번 먹자.

어릴 때는 밥의 의미가 그다지 크게 다가오지 않는다. 한 끼 정도 먹지 않아도 신체에도 정신에도 아무런 문제가 없다. 몸도 건강하고 음식보다 재밌는 것이 훨씬 많다. 어른들이 밥은 먹었냐고 계속 물어볼 때면 그게 뭐 그렇게 중요한지 이해할 수가 없었다.

나이가 들수록 밥의 의미는 더 중요해진다. 어느 날은 아침 먹어야지라는 말로 시작했다가 출출하지 않아?라는 말로 하루가 끝난다.

비 오는 토요일 아침, 일찍 집을 나선 것도 요리 수업을 듣기 위해서였다. 더 정확히 말하자면 디저트 수업이다.

나, 프랑스 교사 한 명, 그리고 미국인 부부가 있었다. 공간은 무척 이쁘다. 파리에서의 요리 수업이라는 문장과 잘 어울린다. 마지막에 우리가 직접 만든 것을 먹어볼 수 있게 큰 식탁이 놓여있고 창밖으로는 비가 내린다. 생화도 곳곳에 올려져 있으며 주방은 정말 깨끗하다. 주방과

요리

홀 사이에 있는 작은 복도에서는 기분 좋은 재즈가 흘러나온다. 쉐프와 가볍게 인사를 나누고 바로 디저트 수업에 들어갔다.

전통 마들렌은 우리가 평소에 먹는 것보다 크기가 훨씬 작다는 것. 오렌지 소스를 만들 때 어떤 리큐르를 사용하면 좋은지 같은 것. 머랭을 칠 때 팔이 덜 아픈 자세가 따로 있다는 것. 몇 가지 소소한 팁을 배우는 시간이었다. 수업이 끝나고 레시피도 따로 준다. 이렇게나 고마울 수가.

요리는 다 만들어진 음식 자체와 음식을 만드는 행위라는 뜻이 내포되어 있다. 요리를 하면 좋은 점은 잡생각이 멈춘다는 것이다.

씻고 썰고 다듬고 볶고 굽고 찌고 온통 지금 하는 것과 다음에 해야 하는 것을 생각하다 보면 다른 생각이 들어올 틈이 없어진다. 한편의 인생 같기도 하다. 재료 손질하고 요리하느라 정신없지만 완성된 접시에는 그런 흔적이 묻어나지 않는다. 누가 봐도 깔끔한 한 접시가 완성된다. 손이 많이 가고 더 세밀한 과정을 거쳐야 요리가 맛있어지는 것처럼 인생도 비슷하지 않은가. 굴곡 많은 삶을 산 사람일수록 더 많은 드라마가 담긴다.

요리의 꽃은 누군가를 위해서 하는 요리다.

배가 고파서 하거나 재료가 남아서 요리를 할 수도 있지만 먹일 사람을 생각하면서 만드는 요리가 진정한 요리라고 생각한다. 요리는 단순한 행위가 아니라 사랑을 건네는 한 방식이기 때문이다.

토요일 저녁을 함께하기로 했다면 최소 며칠 전부터 어떤 요리를 할지 고민해야 한다. 당일 낮에는 장도 봐야 한다. 구하기 힘든 재료가 포함된 요리라면 더 부지런해져야 한다.

정성스럽게 재료를 손질하고 요리를 하면서 오직 한 생각만 한다.

맛있었으면 좋겠다.

마침내 완성된 요리를 누군가가 먹었을 때, 정말 맛있다는 표정을 보이면 그보다 짜릿한 건 없다. 누군가를 위해서 무언가를 한다는 것이 점점 더 쉽지 않다.

위해서,

라는 말에 정말 그 어떤 보상이나 다른 감정이 가미되지 않고 순수하게 누군가를 위해서 할 수 있는 건 요리뿐이다.

그러고 보면 요리와 노래가 닮은 점이 있다. 두 개 다 그 상황을 더 깊게 기억에 새긴다는 것이다. 특정 노래를 들으면 어떤 상황이 생각나고 어떤 음식을 먹으면 특정 순간이 떠오르지 않는가. 나는 아직도 몇십 년 전에 엄마가 도마에 두부 써는 소리로 일어났던 일요일 아침의 포근함을 기억하고 있다. 마치 어제 일처럼 말이다.

세상이 점점 더 냉소적이고 빠르게 흐른다. 경쟁하고 질투하고 사건 사고가 끊이질 않는다. 이럴 때일수록 '어떻게 살아야 하는가?'라는 고민은 커지지만 늘 생각은 하나로 모아진다.

사랑하는 사람들과 맛있는 거 먹는 시간을 늘려야지.

할 수만 있다면 사랑하는 사람들을 위한 요리를 많이 해야지.

요리할 시간이 있다는 것은 온갖 고민에서 빠져나와 잠시나마 자유로울 수 있다는 것이다. 맛있는 걸 함께 먹는다는 건 아무리 열심히 살아도 사랑하는 사람들과 보내는 시간만큼은 꼭 마련하겠다는 뜻이다.

언젠가 요리를 많이 해야 하는 날이 있다면 마지막 디

저트는 파리에서 배운 걸 해봐야겠다. 상큼한 오렌지 소스가 잔뜩 뿌려진 크레이프 수제트와 초콜릿 수플레를 내어야겠다.

사람은 누군가를 위해 요리할 때 가장 덜 쓸쓸해진다. 먹일 사람을 생각하기 때문이다. 사랑하는 사람과 맛있는 거 먹을 때 삶의 공허함이 채워진다. 함께 있기 때문이다. 하긴 뭐, 쓸쓸함이나 공허함을 떠나서 사랑하는 사람들과 맛있는 거 먹는 행복으로라도 살지 않으면 인생을 도대체 무슨 재미로 살겠는가.

## 'Mots'
말

어떤 말은 정말이지
마음속에 오랫동안 박힌다.

낯선 자리에 갔다가 어색함을 견디지 못하고 공백을 메우기 위해 마음에도 없는 말을 했다. 왜 그런 말을 했을까. 집에 와서 후회한 적이 한두 번이 아니다.

반대로,

낯선 자리에 갔다가 어색한 탓에 말을 하지 않고 가만히 있었더니 무서운 사람이 됐다. 무표정이 무서워 보인다나.

아무래도 글을 쓰기 때문에 어떻게 하면 말을 잘하거나 사람 사이에서 소통을 잘할 수 있는지 질문을 받을 때가 있다. 나도 모르겠다. 정답을 알고 싶다. 점점 말은 더 무겁게 느껴지고 소통은 더 어렵게 느껴진다. 시간이 지

날수록 쉬워져야 하는데 어떻게 더 어려워질 수 있을까.

요즘 연습하고 있는 것은 침묵을 지키는 일이다. 무표정 때문에 오해하는 일이 없게 간간이 표정을 바꿔가면서.

침묵을 지키는 것은 쉽지 않다. 가까운 사이면 자꾸 내 얘기를 하고 싶어지고 어색한 사이면 뭐라도 해야 할 것 같다. 감정이 가득 올라왔을 때도 쉽지 않다. 화가 났는데 침묵하고 누군가가 실수를 했는데 질책을 하지 않고 가만히 기다리는 건 쉬운 일이 아니다.

그럴 때마다 연기 학원에서 들었던 말이 떠오른다.

"어렵지? 무대나 카메라 앞에 서서 버티는 것만 해도 돈 벌어갈 자격이 있는 거야."

몇 명 안 되는 동기들 앞에서 연기를 해도 자꾸 움직이게 된다. 카메라가 날 찍고 있을 때 뒤에서 서 있기만 하면 되는데 발을 움직이거나 눈을 깜빡인다.

버틴다는 건 어려운 일이다.

두 발을 딛고 서 있는 것이든 외로움, 공허함, 고독, 쓸쓸함 같은 감정을 견디는 것이든….

파리에서 아는 사람이 한 명씩 생길 때마다 만나러 가

는 길에 혼자 몇 번이고 중얼거렸다. 최대한 적게 말하자. 여행지라는 환경과 알게 된 지 얼마 안 됐다는 사실이 마음을 가볍게 만들고 가벼운 마음이 말실수로 이어질 확률이 높았기 때문이다. 몇 번은 성공했고 몇 번은 실패했다. 그래도 다행인 것은 딱히 말로 인해서 문제가 생긴 것은 없었다는 점이다.

나에게 그나마 노하우가 있다면 많이 듣고 많이 물어보는 것이다. 대화가 끝났을 때 상대방이 훨씬 더 오래 말했다는 기분을 느끼면 그날의 대화는 성공이다. 가만히 이야기를 듣다 보면 스스로 너무 많이 말했나? 하는 생각에 나에게 질문을 건네는 모습도 볼 수가 있다. 어릴 때부터 포함하면 몇십 년 동안 관계를 맺으면서 살아온 건데 고작 노하우가 하나다.

말은 건넨다는 의미가 있다. 혼잣말은 나에게 닿고 내가 뱉은 말은 타인에게 닿는다. 잘 만들어진 말은 사람 사이를 이어주지만 날이 선 말은 관계가 끝나는 역할을 한다. 내가 나에게 못된 말만 하면 안 좋은 일만 생기고 억지로라도 좋은 말을 건네면 조금씩 빛이 비친다.

말이라는 게 점점 더 무겁게 느껴지는 것도 그런 이유

때문이다.

종료하기라는 버튼을 잘못 번역해서 사임하다라고 말해도 의미가 확 달라진다. 차라리 언어가 완전히 다르면 잘못 말했을 거라는 가능성을 열어둔다. 외국인이 한국말로 대화를 시도해 보겠다고 하다가 중간에 반말 같은 게 섞여도 그냥 웃어넘기지 않는가. 번역기가 오류로 종료하기를 사임하다라고 표현해도 웃어넘기는 것처럼. 오히려 같은 언어를 사용하는 사람끼리 더 오해와 갈등이 생긴다. 가까울수록 더, 마치 사랑하는 사이에서 그토록 상처가 되는 말을 주고받듯.

난 네가 해준 음식이 제일 맛있어.

그래서 글이 좋았구나.

말은 그만큼 힘이 강하기 때문에 평생 잊히지 않는 말도 생긴다. 말이라는 건 이토록 양면적이다. 어쩌면 나이가 든다는 것은 말을 조심하는 것과 아끼지 않는 것 사이를 잘 조율하는 일이 아닐까. 신중하게 표현을 해야 하지만 또 너무 마음을 말하지 않으면 관계가 메말라 버릴 수 있으니까.

뭐가 됐든 말이 마음의 번역이라는 것은 변하지 않는

다.

미루고 미루던 미술관 투어를 시작했다. 긴 여행을 떠난 사람에게 언제나 시간은 그의 편이다. 언제든 볼 수 있을 거란 생각으로 미루다가 부지런히 다니고 있다. 오전 업무가 늦게 끝나서 예약 시간이 촉박하다.

3시 예약인데 늦으면 들어갈 수 없나?

아무리 검색하고 메시지를 보내려고 해봐도 알 수가 없다. 평소 같으면 걸어갈 거리지만 지하철을 탔다. 이런 날 꼭 문제가 생긴다. 파리 지하철은 대부분 작은데 공항으로 이어지는 노선인지 무척 복잡하다. 어디 멀리라도 떠나야 할 것처럼 넓다. 내가 서 있는 곳과 건너편 모두 엄청 큰 2층짜리 지하철만 다닌다. 한 정거장만 가면 되는데 저렇게 큰 지하철을 탄다고? 여기가 맞나 싶어 표지판을 번역기에 번역해 봤다.

안심하세요. 지금 방향이 맞습니다.

어떤 말은 정말이지 마음에 오랫동안 박힌다. 안심하세요, 라는 그 말이 어찌나 위로되던지. 나는 당당하게 승강장에서 두 발 딛고 서서 2층짜리 지하철을 맞이했다.

금방 내릴 테니 벽에 기대 밖을 가만히 바라봤다. 낯

선 나라에서 대중교통을 탈 땐 음악을 듣지 않는다. 내릴 역을 확인해야 하기 때문이다. 이번에도 습관처럼 안내방송을 기다리고 있는데 고장이 났는지 아무런 말이 나오지 않는다. 괜찮다. 난 분명 이 방향이 맞는 걸 확인 했으니까.

고작 한 정거장 가는 건데도 방향이 맞는 건가 싶을 때가 있다. 한번 그런 의심이 들기 시작하면 평소에 아무런 문제가 되지 않았던 것도 다시 확인하게 된다. 지하철 한 정거장 잘못 가는 게 그렇게 큰일도 아닌데 큰일처럼 느껴지는 것이다.

인생은 오죽할까.

종점도 모르는 먼 길을 가면서 얼마나 많은 곳에서 헤맬까. 이 길이 맞을까. 저 길이 맞을까. 그 수많은 갈림길에서 얼마나 자신을 의심하고 흔들리며 확인받고 싶을까. 그래서 난 내 마음에 박힌 그 말을 아끼지 않고 해주고 싶은 것이다.

안심하세요, 잘 가고 있습니다.

그 방향이 맞습니다.

# 'Beauté'
아름다움

모든 아름다움은
주관적이다.

날씨가 좋은 날은 마음을 단단히 먹어야 한다.

일주일에 한 번꼴로 하늘이 맑기 때문에 그때 부지런히 돌아다녀야 한다. 가보고 싶었던 편집샵 가기, 에펠탑을 다시 보기, 몽마르트르 언덕에서 파리를 한눈에 담기, 거리에서 연주하는 사람들의 노래를 오랫동안 듣기, 동네 빵집에서 포장한 빵 공원에서 먹기. 모두 다 날씨가 좋아야만 가능하다.

파리에서 등록한 헬스장은 루브르 박물관을 지나가야 한다. 관광객이 무수히 많은 그 사이를 지나가면 헬스장이 나오는데 비가 오지 않는 날이면 항상 골목에서 연주를 하는 사람이 있다. 그 사람의 메인 연주는 생상스

(Saint-Saëns)의 백조(The Swan)다. 첼로 소리가 듣기 좋다. 저 무거워 보이는 걸 들고 여기까지 어떻게 오셨을까 하는 궁금증이 들지만 그런 쓸데없는 생각은 미뤄두고 벽에 기대어 음악을 듣는다. 겨울에 붕어빵을 마주칠지 모르니 현금을 들고 다니는 것처럼 좋은 공연을 볼지 모르니 항상 현금을 들고 다녀야 한다.

하늘이 맑을 땐 에펠탑 보는 일도 빠질 수 없다. 나는 뭔가를 볼 때 가까이서 보는 거보다 멀리서 전체적인 풍경을 보는 것을 더 좋아한다. 가까이서 보면 오히려 현실감이 떨어진다. 공연을 가더라도 가수를 가까이서 보는 것보다는 스탠딩으로 즐기는 사람들과 가수를 함께 보고 싶어 하는 성격이다. 그게 더 생동감 있다. 건축물이든 가수든 결국 세상 어딘가에서 사람 사이에 섞여 조화를 이루며 살아가는 존재니까.

에펠탑 보기 가장 좋은 장소는 트로카데로 광장이다. 파리의 모습과 에펠탑이 너무 멀지도 가깝지도 않은 거리에서 한눈에 다 보인다. 처음 트로카데로 광장으로 에펠탑을 보러 갔다가 청혼하는 연인을 본 적이 있다. 아직도 그 장면이 기억에 남는 건 무척 수줍은 청혼이었기 때문이다. 노래하는 사람 앞에서 에펠탑이 반짝이자 남자가 반지를 꺼냈다. 사람들은 열광했지만 주변에서 더 축하해 줄 틈 없이 여자는 반지를 받아 들고 남자는 얼른 여자를 껴안았다. 되게 수줍어하는 느낌이 모두에게 전해져서 짧게 환호하고 다들 다정하게 바라봤던 기억이 있다.

그 남자는 얼마나 많은 용기를 낸 걸까?

에펠탑은 소등하기 전에 가장 마지막 점등을 흰색 전구로 한다. 화이트 에펠이라고 부른다. 광장 특유의 분위기가 좋아서 자주 가다 보니 에펠탑이 흰색으로 빛나는 건 주말과 평일 시간이 다르다는 것까지 알게 됐다.

며칠 전에는 무척이나 마음에 드는 물건을 샀다. 몽마르트르에서 내려와 사람들이 많이 가는 방향 말고 반대편으로 걸으면 원단 가게가 나온다. 그곳에서 테이블보로 쓰면 조카들이 무척 좋아할 거 같은 원단을 발견했다. 심지어 단돈 만 원이다. 길거리에 널브러져 있던 원단 사이에서 보물이라도 찾은 듯 비닐백을 들고 걷다가 그런 생각에 빠진 것이다.

왜 이렇게 행복하다고 느낄까?

이 질문은 더 나아가 다른 질문을 만들어냈다.

파리라서 유독 행복한 것일까?

파리가 아름다운 건 맞지만 취향을 많이 타는 나라다. 더럽고 불친절하고 불편해서 싫어하는 사람도 많다. 지내면서 딱히 불편하다고 느낀 건 없었다. 공연도 자주 볼 수 있고 무수히 많은 작품을 코앞에서 볼 수 있어서 좋았으며 음식도 잘 맞았기에 모든 게 맞아떨어졌다. 그렇기 때문에 유독 좋았던 거라고 하기에는 여행은 언제나 좋은 기억을 더 많이 만들어준다. 나쁜 기억도 지나고 보면 좋은 기억으로 자리 잡는 것이 여행이다. 나라마다 문화가 다르고 거리가 다르고 사는 사람이 다르다. 그 어느 나라도 장점만 있는 곳은 없고 단점만 있는 곳도 없다. 허나 여행만 오면 왜 그토록 행복해지는 것일까?

모든 아름다움은 주관적이다. 아름다움은 보는 사람의 눈에 달려있다. 많은 무리의 사람들과 똑같은 풍경을 보고 난 다음에 어디가 가장 아름다웠냐는 이야기를 주고받으면 모두가 다 다른 곳을 말한다. 똑같은 식당에서 음식을 먹어도 마찬가지다. 어떤 사람은 음악이 좋았다고 하고 누군가는 직원들의 태도가 좋았다고 하고 누군가는 음식 자체가 아름다웠다고 할 것이다. 같은 경험을 공유

하더라도 아름답다고 느끼는 순간이 다 다르다.

결국 내가 어떻게 세상을 바라보기로 결심하고 받아들이느냐가 아름다움을 만든다.

내 눈은 내 마음에 들어있는 것을 찾으려고 한다.

사업을 하는 사람은 어디를 가든 사업 구조가 눈에 보인다. 꽃을 만지는 사람은 다른 사람들보다 거리를 걸을 때 나무, 꽃을 더 많이 본다. 나는 아직 아무것도 느끼지 못했는데 꽃을 만지는 사람은 계절의 변화를 그 누구보다 먼저 알고 있다. 음악하는 사람은 귀가 예민하기에 어디서든 세상의 소리가 더 잘 들린다. 사랑하는 사람이 있는 사람은 연인과 함께하기 좋은 것부터 보인다.

인간은 원래 내가 관심 가지고 있는 게 더 잘 보이는 법.

마음에 슬픔을 담아두면 슬픔이 더 보이고 분노, 미움을 담아두면 그런 것만 느껴진다. 여행을 떠났을 때 유독 세상이 아름답게 보이는 것은 여행이라는 이유로 내가 아름답게 보려고 마음먹었기 때문이다. 일상에서 일어났으면 며칠은 기분 안 좋았을 일도 내가 추억으로 생각하겠다고 마음먹었기 때문에 여행에서는 추억이 될 수 있다.

아름다움

좋은 걸 담으려고 하고 행복해지려고 해야 한다. 그래야 행복한 것이 눈에 더 보인다.

결국 내 마음에 들어있는 것이 가장 중요하다. 세상의 모든 아름다움은 주관적이다.

# 'Espace'
공간

내가 그 안에서 살아야 하니까….

죽은 꽃은 집에 두지 않는다. 현관에는 택배 상자나 분리수거를 쌓아 놓지 않는다. 철 지난 물건은 늦지 않게 바로 치운다. 우울하거나 인생이 잘 풀리지 않는다면 생명력이 다한 것들과 가까이 있는지 확인해 볼 것.

점점 기운에 관한 여러 이야기를 믿게 된다. 어떻게 하면 좋은 기운을 유지하고 안 좋은 기운을 막을 수 있는지에 관심이 가기 시작하면서 알게 된 건 생명력을 중요하게 생각한다는 거였다. 현관은 무언가가 들어오고 나가는 입구다. 집의 생명력이라고 할 수 있다. 죽은 꽃은 이미 생명력을 다한 것이다. 철이 한참 지난 물건을 집에 두는 것도 그렇다. 한여름의 집에 크리스마스트리가 있다면 과연 좋은 기운이 올까?

나는 공연이나 책, 영화 같은 것을 소비하는데는 정말 돈을 아끼지 않는다. 좋은 작품을 보고 나면 살아있다는 기분이 든다. 지금 쓰고 있는 노트북은 산 지 10년이 넘었다. 이제는 메일 보내는 것과 글 쓰는 거 말고는 아무것도 되지 않는다. 고치려고 해봤지만 소용없었다. 너무 오래 업데이트를 안 해서 어떤 방법을 써도 고쳐지지 않는다. 글 쓰고 메일만 보낼 수 있으면 됐지 뭐가 또 필요하겠느냐는 생각에 그냥 쓰고 있다. 최신형 노트북은 나를 좀 더 좋은 사람으로 만들어주지 않는다. 하지만 정말 좋은 공연과 책, 영화는 나를 조금 더 좋은 사람으로 만들어준다.

파리는 재즈바가 유명하다. 술을 마시면 공연을 무료로 볼 수 있는 곳도 많지만 굳이 비용을 지불하고 앉아서 볼 수 있는 자리를 예약했다. 한 시간이나 공연을 보기엔 그게 더 집중할 수 있을 것 같아서였다.

재즈는 인간적이다.

모든 공연마다 솔로 타임이 있어서 연주가 각각이 주인공이 된다. 실수해도 괜찮다. 연주 중에 실수하거나 새로운 소리를 내면 다른 연주자들이 그 소리를 받아서 음악을 이어가는 경우가 많다. 대부분 재즈 하면 색소폰이나 피아노를 생각하기 쉽지만 나는 드럼 솔로를 가장 기대한다. 힘과 에너지를 만들어내는 악기가 흐름과 호흡의 영역으로 사용되면 전혀 다른 의미로 다가온다. 그날 1부 공연의 마지막은 드럼 솔로였다. 영화 속 주인공을 닮은 사람이 천천히 템포를 올리자 주위에 있는 모든 연주자들이 그를 그윽하게 바라본다. 점점 더 템포는 빨라지고 절정에 다다른다. 드럼 연주자의 섬세하고도 확실한 연주가 끝나자 색소폰 소리가 이어받는다. 그때 사람들은 일제히 환호를 질렀다. 그 광경을 코앞에서 본 것만으로도 내 영혼이 조금은 풍족해졌을 거라고 믿는다.

그다음으로 돈을 아끼지 않는 것은 공간에 대한 투자다. 제일 많은 시간을 보내는 곳은 사무실이나 집이다. 때로는 사람에 따라 자동차라는 공간이 될 수 있다. 공간은 힘이 강하다. 인생이 별로인 날 좋은 카페에서 커피 한 잔만 마셔도 기분이 좋아진다. 오래 걷고 우연히 들어간 식당에서 근사한 와인이라도 한잔한다면 그만큼 행복한 하루가 없지 않은가.

파리에 도착한 첫날, 공항에서 우버 기사와 엇갈려서

한참을 헤매다 집에 도착했을 때 밤 9시가 넘은 시간이었다. 처음 집에 왔을 때 놀랐던 건 두 가지였다. 엘리베이터 없는 4층을 캐리어 가방과 함께 오른다는 것은 생각보다 더 쉽지 않은 일이었고 그다음 일은 새벽에 일어났다.

잠도 안 오고 환경도 낯설어서 1층 불을 켜두고 2층에 누워있었다. 설잠을 자고 있는데 부스럭거리는 소리가 나는 게 아닌가. 처음엔 잘못 들은 줄 알았다. 신경을 곤두세우자 이것은 명확히 부스럭거리는 소리였다. 불규칙하고 음침하다. 1층에 누가 있다고 확신할 수밖에 없을 만큼 생생한 소리. 온몸의 신경이 곤두서는 걸로 봐서는 내 본능도 침입자가 있다는 것을 알고 있는 것 같았다.

올 게 왔구나. 첫날부터 이런 일이라니. 싸우다 지면 어떡하지?

그런데 아무도 없는 게 아닌가? 창문은 열린 흔적도 없고 문 역시 그대로 잘 닫혀있었다. 잠시 후 범인을 알게 됐다. 내 인기척이 느껴지자 갑자기 새 날아가는 소리가 들리는 것이다. 꼭대기 층은 아니었지만 건물 구조가 특이해서 자는 곳 바로 위가 지붕이었던 것이다. 부스럭거리는 소리는 새들이 천장을 걸어 다니는 소리였다. 방음이 이렇게나 안 될 수가 있나. 주먹을 쥐고 1층을 내려다본 게 허탈해서 해가 뜨지도 않은 밖을 보면서 웃었다.

그래도 집은 참 마음에 든다.

1층에는 요리를 할 수 있는 공간과 작은 소파가 있고 2층엔 침실과 욕실이 있다. 욕실 위는 유리로 뚫려있어서 하늘을 보면서 씻을 수 있다. 주변에 높은 건물도 없어서 누가 볼까, 걱정할 필요도 없이 마음껏 하늘을 보면서 샤워를 한다. 이번 여행에서도 가장 큰 비용을 지불한 것은 숙소였다. 급하게 온 탓도 있지만 혼자 지내더라도 조금 더 집 같은 곳에서 지내고 싶었기 때문이다.

사치스러울 수도 있는 숙소지만 덕분에 여행을 끝마치고 집으로 돌아오면 정말 이곳에서 살고 있다는 느낌이 든다. 어지간한 거리는 다 걸어 다닐 수 있을 정도로 위치도 좋다. 아마 이 집이 아니었다면 파리에서 깊게 스며들어 살고 있다는 생각이 들지 않았을 수도 있다. 벌써 지낸 지 몇 주 지났다고 자주 마주치는 사람들이 생겼다. 계단에서 마주치면 너나 할 것 없이 먼저 인사를 건넨다. 아주 밝은 미소로. 처음엔 새로운 집만큼이나 적응되지 않았던 문화다. 주문하고 계산할 때 말고는 딱히 타인과 말을 섞지 않는 내 성격상 더욱더. 하지만 이것도 익숙해진다.

아래층에 사는 친구는 학교 가는 시간이 내가 커피를 사러 나가는 시간과 겹친다. 학교 가냐고 물어보면 그렇다고 대답하면서 나에게 항상 묻는다. 커피 사러 가지? 옆집에 사는 사람은 퇴근 시간에 표정만 보면 그날 하루가 어땠는지 알 수 있다. 힘든 날은 힘든 티가 난다. 오늘 하루도 터프했구나? 라는 나의 질문에 손짓으로 눈물 흘리는 척을 한다. 이젠 내가 먼저 인사를 건네고 유독 잘 어울리는 옷을 입었다면 옷 근사하다는 말까지 건넨다. 그렇게 말할 수 있었던 것은 내가 받은 근사한 인사 덕분일 것이다.

집, 사무실, 책상, 침대처럼 자주 쓰는 것은 항상 최고로 근사해야 한다. 내가 그 안에서 살아야 하니까. 사람도 똑같다. 자주 만나는 사람, 사랑하는 사람, 매일 보는 사람은 근사한 사람들이어야 한다.

내가 그 안에서 사니까.

'Art'
예술

예술가 기질을 가진 사람은
주변을 힘들게 한다.

매일 미술관에 간다.

　미루던 미술관 투어를 시작한 뒤로 오히려 푹 빠져서 매일 미술관에 가고 있다. 미술관에 가면서 생긴 나만의 비결이 있다면 미술관에 갈 때는 무조건 대중교통을 이용하는 것이다. 평소에는 걸을 시간이 많이 없기 때문에 여행을 오면 어지간한 거리는 걸어 다닌다. 문제는 미술관이 워낙 크기 때문에 걸어서 도착하면 이미 체력이 깎여 있는 상태라는 점이다. 작품을 다 보는데 몇 시간은 족히 걸리기에 체력 안배가 필수다.

　버스에 이상이 생겼는지 갑자기 내리란다. 정류장에서 다음 버스를 기다렸는데 이번엔 손으로 X자를 그어 보인다. 아무래도 문제가 생긴 듯하다. 그래도 몇 정거장 타고 온 게 어디냐는 생각으로 걷기 시작한다.

15분 정도 걷자 피카소 미술관에 도착했다. 천재들의 천재. 예술가들의 예술가라고 불리는 피카소.

많은 사람에게 피카소는 특이한 그림을 그리는 것으로 알려져 있다. 내가 알던 얕은 지식으로는 피카소가 시를 썼다는 것과 난해해 보이는 그림을 그리기 전에 그 누구보다 사실적으로 그렸다는 것 정도였다.

실제로 많은 작품을 보니 내가 생각한 것보다 더 어마어마했다.

가볍게 스케치한 그림도 얼마나 선이 깔끔하던지. 심지어 도자기도 만들었다. 그것도 꽤 많이. 그림을 그리는 사람이라는 이미지에서 벗어나 압도적인 창의력을 마주한 기분이다. 피카소가 쓴 시부터 도자기까지 모든 것을 다 보고 마지막쯤에 그림 하나를 봤다.

<사랑하는 연인>

피카소가 자신의 뮤즈였던 여자를 그린 그림이다. 보통 하나의 시점을 넣는 경우가 많은데 머리와 몸에 각각 시점을 넣어서 몸과 머리가 다 강조된 그림이었다. 무슨

의도였을까? 어디 하나 아름답지 않은 곳이 없어서 모두 강조하고 싶었던 걸까?

공간의 크기, 작품의 양, 건축까지 버스를 기다리는 동안 여운이 가시지 않을 만큼 완벽한 미술관이었다. 옷을 가볍게 털면서 버스에 타자마자 종이를 꺼냈다. 아무것도 없는 흰 종이 위에 첫 문장을 적었다.

얼마나 힘들었을까?

피카소가 사랑했던 그 여자는.

예술가 기질이 있는 사람은 주변 사람을 힘들게 한다. 자신이 좋아하는 예술가의 과거를 조금만 찾아봐도 알 수 있다. 행복하게 살았던 사람보다 불행하게 산 사람이 훨씬 많다. 사연 없는 삶은 없다지만 그 사연의 깊이가 보통 사람이 감당할 수 있는 범위를 넘어선 사람이 태반이다.

꼭 창작과 관련된 일을 하지 않더라도 예술가 기질을 가지고 있는 사람을 종종 볼 수 있다.

남들보다 조금 더 섬세한 사람들. 남들보다 조금 더 많은 것을 느끼고 보는 사람들. 그냥 살아도 될 것을 중간중간 멈춰서 삶이란 무엇인가 고민하는 사람들. 가면 안 될 것 같은 길을 걸어보고 싶은 사람들. 꽃은 그저 꽃으로 보면 되는 것을 가시에 찔렸을 누군가를 생각하는 사람들. 사랑하는 것이 명확한 사람들.

나에겐 자기파괴 본능이 있다. 솔직히 고백하자면 매일매일 그 본능과 다툰다. 매일 마음속 깊은 곳에서 내가 표현할 수 없는 언어로 계속 끓어오르는 것이 있다. 때로는 떠나라고 말하고 때로는 세상 모든 슬픔을 다 짊어지게 하고 때로는 모든 감각이 열려서 세상의 소음을 다 담아두게 만드는 그것.

때로는 시심이 되어 주고 때로는 위로가 되어주지만 어떤 날에는 심각하게 자기 파괴를 만들어내는 그것. 개인 여가 시간이 거의 없는 상태로 일만 하는 것은 내가 나를 학대하는 것이다. 모든 어긋남 앞에서 나를 가장 빠른 이유로 선택하는 것도 정서적인 학대다. 자기 파괴의 일종이다.

어느 날 아무런 인사도 없이 이민을 가서는 조용한 곳에 스튜디오를 얻고 평생 글만 쓰면서 살고 싶다는 생각을 한다. 그래도 나름 열심히 살았는데 모든 걸 다 버리고 갑자기 떠나버리고 싶은 것이다. 어느 날 갑자기 인간에 대해 탐구하고 싶다며 머리를 밀고 절에 들어가 버릴 수도 있다. 이것 역시 자기 파괴의 한 부분이라고 생각한다. 아마 노래를 잘 불렀다면 평생 길거리에서 노래만 부르면서 살지 않았을까.

자기 파괴 본능을 억누르기 위해서 내가 선택한 건 절제된 삶이다. 일주일에 여섯 번은 운동을 꼭 가는 것. 밖에서 약속이 있을 때 빼고는 자극적이지 않은 음식으로 매 끼니를 때우는 것. 꼬박꼬박 출근하고 억지로라도 좋은 생각하려고 하는 것. 나의 일상을 자세히 알고 있는 사람에겐 내가 자기 파괴 본능과 싸우고 있다고 말하면 받아들이지 못할 것이다. 삶의 의지가 그 누구보다 강해 보이는 사람일 테니.

하지만 그 틈에서 자꾸 피어오르는 자기 파괴 본능과 손을 잡으면 난 무엇을 얻을 수 있을까?

파리의 어느 시골 스튜디오에서 종일 글만 쓰면 좋은 작품을 만들 수 있을지 모른다. 아무리 노력해도 고쳐지지 않는 나의 미흡한 부분이 개선될 수 있다. 머리를 밀고 절에 들어가서 속세와 선을 그으면 마음의 평화를 얻고 삶의 중심을 잡아줄 깨달음을 얻을지 모른다. 그럼 난 또 그걸 책으로 엮겠지. 혹은 영감을 얻겠다고 낮부터 술에

예술

취해 있다가 알콜중독에 걸릴지도 모른다. 뇌의 여러 부분이 망가져서 그동안 느끼지 못한 것을 느낄지 모른다.

행복할까? 그렇게 해서 좋은 작품을 만들어내면?

건축가 르코르뷔지에의 스튜디오에 방문했다. 자신이 살았던 공간을 전시장으로 쓰고 있다. 중요한 물건만 두고 나머지는 다 치웠지만 르코르뷔지에가 생활하던 모습을 그대로 엿볼 수 있다. 스튜디오는 다소 외각에 위치해 있다. 동네가 조용하고 참 좋다. 분명 같은 파리인데 전혀 다른 동네처럼 느껴질 정도로. 실제 거주하던 공간을 전시장으로 사용하는 거라 일반인이 살고 있는 아파트 입구에서 벨을 누르면 인터폰으로 질문을 한다.

전시 보러 오셨나요?

그렇다고 대답해야 문을 열어준다. 실제 주민들이 거주하는 아파트 계단을 올라가면 꼭대기에 전시장이 나온다.

건축가와 건축을 좋아하는 건 그 미적 감각이 동경의 대상이기 때문이다. 건축을 하는 사람들에게는 나에게는 없는 미적 감각이 있다. 이렇게 아름다울 수가 있나. 마침 해가 지고 있을 때라 빛의 변화를 세밀하게 느낄 수 있었다. 구조와 빛의 설계도가 공간을 더 빛내고 있었다.

혼자 살았을까? 그렇다면 쓸쓸했을 것 같을 정도로 넓다.

사진을 보니 살아있을 때 작업을 하느라 집안이 온통 물건으로 가득 차 있었다. 물건 덕분에 덜 쓸쓸했을까?

파리가 한눈에 내려다보이는 옥상에서는 심지어 유명한 축구경기장도 보인다. 사람을 열 명은 불러도 될 것처럼 넓은 옥상과 파리 도심과는 다른 하늘, 꼭대기 층이라 고요하고 또 고요하다.

넓은 공간에 비해 사람이 적은 덕분에 마치 내가 그 집의 주인이라도 되는 듯이 느리게 걸었다. 주방에선 요리하는 상상을 해봤다. 아주 작은 욕조에는 몸을 구기듯 집어넣고 음악을 듣고 옥상에는 사람들이 가득 차 각자 열심히 이야기 나누는 모습도 상상해 본다.

관람을 마치고 아파트를 내려오니 어둠이 깔려있었다.

잠시 다른 세상에 다녀온 기분이다. 날이 좋아서 벤치에 앉아 노래를 들었다. 밤의 초입은 시간대별로 색깔이 다르다. 가만히 어둠이 깔리는 걸 구경하면서 오랫동안 벤치에 앉아 있었다.

고독이랑 외로움은 다르다고 생각한다. 고독이 내부적인 감정이면 외로움은 타인에 대한 의존적인 감정이다. 내가 정말 외로울 때 누군가가 옆에 있어 주면 외롭지 않을 수는 있어도 고독할 수 있다는 게 내 생각이다. 고독은 혼자 사유하고 혼자 감정이 충만해지기를 선택하는 것이고 외로움은 누군가와 연결되고 싶은데 그게 잘되지 않을 때 생기는 감정이랄까.

점점 더 외로움과 고독을 구분 짓기가 어려워진다.

혼자만의 시간이 필요한 줄 알아서 고독을 선택했는데 알고 보니 내 옆에 누가 있어야 했다거나 누군가가 필요한 줄 알았는데 알고 보니 혼자만의 시간이 필요했던 경우가 있다.

고독이 선택이라면 외로움은 발생하는 것에 가깝다. 외로움이 발생할 조건이 해가 거듭될수록 더 많아진다. 누군가를 만나 일상을 함께하고 대화도 나누고 웃기도 하지만 마음 한편은 계속 비어 있는 것 같다. 외로움이라는 게 단순히 혼자 밥을 먹고 혼자 영화를 보고 혼자 잠드는 것으로 생각했다. 그런데 지금은 함께 있어도 혼자 있는 기분을 느낄 때가 많다.

대화가 통하는 사람은 있어도 마음이 통하는 사람은 많지 않기 때문이리라.

타인의 최고의 순간과 내 최악의 순간을 비교하고 평범함, 지루함, 실패 같은 것은 공유할 곳이 많지 않다. 고여버린 마음은 썩는다. 목적 없이 마주치는 관계는 적어지고 있는 그대로의 나를 보여줄 수 있는 관계 역시 줄어든다. 나를 알리는 시대지만 알아주는 시대는 아니지 않는가. 인공지능이 발달하는 것에 인간의 외로움도 한몫을 했다고 생각한다. 아주 오래전부터 알고 지낸 사람보다 낯선 누군가에게 더 쉽게 마음이 열릴 때가 있다. 털어놓고 싶은데 털어놓을 곳이 없는 사람들이 인공지능을 선택하는 일이 늘어나고 있다. 설명하지 않아도 되고 기대는 것도 부담이 없으니까.

가히 외로움의 시대라고 봐도 과언이 아니다.

파리에는 몇백 년 된 건축물은 물론이고 온통 멋있고 역사적인 것투성이다. 화려한 쇼핑 거리도 있다. 전 세계의 모든 브랜드가 줄지어 서서 너도나도 화려하게 빛나고 있다.

예술

멋진 예술가는 말할 것도 없다. 피카소도 결국에는 프랑스에서 주로 활동하지 않았는가.

한때 동경했던 시기가 있었다. 사회적으로 성공하거나 개인적인 작업물로 엄청나게 세상에 영향을 미치는 사람들을 보면서 부럽다고 생각한 적이 있었다. 내 책도 더 유명해졌으면 좋겠고 나도 더 잘됐으면, 더 멋있는 작업물을 만들고 더 인정받을 수 있다면…. 하지만 작가로서 생활을 오래 하면서 점점 생각이 바뀌기 시작했다.

좋은 작업을 하는 것도 어렵지만 그보다 더 어려운 건 이별하지 않는 거였다.

한 사람하고 오래 사랑하는 거. 그게 좋은 작업물을 만들어 내는 것보다 훨씬 더 어렵다는 사실을 깨달아가고 있을 때쯤 파리에 오게 된 것이다. 밖에서 다정한 것은 쉬워도 집에서 다정한 건 어려운 거랑 비슷한 이치랄까.

온통 아름답고 온통 화려하고 온통 예술가 천지인 곳에서 다시 생각한다. 사랑하는 것이 명확한 사람은 그 명확함이 사랑하는 사람을 다치게 한다. 사랑하는 사람보다 더 중요한 것이 있는 사람은 사랑하는 사람을 외롭게 한다. 안 그래도 외로움의 시대인데….

내 마음 하나도 다루기 어려운 세상이다. 그 마음을 꺼내 누군가와 맞추며 살아간다는 건 쉽지 않은 일이다. 그렇게 많은 작품을 보고 그렇게 많은 이야기를 듣고 써도 결국 삶에서 가장 어려운 것은 한 사람과 오래도록 잘 사랑하는 거였다.

내 인생을 어떻게 설계할까에 대한 고민을 다시 해보는 지금, 그러기 위해선 무엇이 나에게 중요한지를 알아야 한다. 인생은 외롭고 공허하고 고통스럽다. 그래도 다행인 것은 딱 한 명 만 있으면 살아갈 수 있다는 것이다. 딱 한 명만 제대로 된 사람이 있어도 된다. 때로는 한 사람이 몇십명보다 힘이 더 강하다.

끝없이 흔들리는 마음을 붙잡고 끝없이 외로워지는 세상 속에서 오늘도 같은 사람을 다시 선택하는 일이 화려한 예술보다 더 위대하다.

인간이 남길 수 있는 가장 아름다운 기록은 사랑이다.

## 'Repos'
휴식

늘 무언가를 애쓰면서 살아간다.

"오늘은 뭐 하실 예정이세요?"

"글쎄요, 딱히 정하진 않았는데 달팽이 요리를 먹을까 해요."

"하루 종일 뭐 하셨어요?"

"운동 갔다가 종일 누워 있었어요."

나의 여행은 무계획 그 자체다. 어딘가로 떠날 때 숙소와 항공권을 제외하면 그 어떤 계획도 세우지 않는다. 여행의 목적은 저마다 다르겠지만 나에게 여행은 일종의 일탈이자 분리다. 익숙한 것들로부터 나를 떨어트려 놓는 것이다.

떠나기 직전엔 항상 터질 것처럼 가득 찬 상태였기에

일탈처럼 여행을 떠나는 경우가 많았다. 터질 것처럼 나를 억누르는 것에는 항상 해야 할 일이 가득 찬 삶이 컸다.

누가 떠민 것은 아니다. 내 선택이지만 작은 선택이 어느 순간 감당할 수 없을 만큼 커져 있을 때가 있다.

욕심도 많고 하고 싶은 것도 해야 하는 것도 많기에 언제나 바쁘게 지냈다. 하나를 끝내면 그다음에 끝내야 하는 일이 바로 따라붙었고 그 일을 끝내려고 노력하는 중에 내 의지와는 상관없이 여기저기서 사건 사고가 터진다. 그럼 그걸 수습하면서 또 써야 하는 글을 쓰고….

출근길에 차에 강의를 틀어놓고 다닐 정도다.

처음엔 출퇴근 시간이 아까워서 음악 대신 듣기 시작했지만 나중에는 감당할 수 없을 만큼의 분량이 쌓여서 억지로 듣게 됐다. 어쩌다 할 일이 아무것도 없는 날이 생기면 쉬는 것 대신 뭔가를 해야 할 것만 같은 기분에 사로잡혀서 해야 할 것들을 찾아냈다.

그러다 보면 이대로는 안 될 것 같은 때가 오는데 그때 선택하는 것이 여행이다. 아무것도 계획하지 않는 일상을 파리에서 보내면서 스스로에게 물어봤다.

"왜 그렇게 끊임없이 뭘 해야 한다고 느낄까?"

이러한 질문은 나만의 문제가 아닐지 모른다. 나 같은 사람들이 심심치 않게 보인다.

뭔가를 해야 할 것만 같은 기분이 드는 건 일종의 습관이자 강박이다. 가만히 있으면 생각과 감정이 몰아친다. 한때의 추억이거나 나는 누구인가에 대한 본질적인 질문, 하지 못한 것에 대한 후회 등 그 생각의 종류는 여러 가지다. 몸을 바쁘게 움직이면 생각이 멈추지만 행동을 멈추는 순간 감정은 다시 올라온다. 할 일을 했더니 부정적인 감정이 사라졌다는 경험은 바쁘게 사는 습관을 더 단단하게 만든다. 가만히 있으면 불안해서 스마트폰을 켰더니 좀 나아졌다면 소파에 앉자마자 SNS나 검색어에 손이 가는 습관이 생기는 것이다.

자려고 누웠을 때도 마찬가지다. 오늘 하루 아무것도 달라진 것이 없지만 당장이라도 쓰러질 것처럼 기진맥진한 상태면 뭔가를 이뤄내고 있다는 기분이 든다. 쉬지 않고 계속해서 나를 움직이는 건 강박과 습관처럼 자리 잡는다.

문제는 자기 자신이 어디까지 버틸 수 있는지 아무도

모른다는 것이다.

완벽히 무너지기 전에 쉬려고 하지만 막상 쉬다 보면 불안해서 쉬지도 못한다.

사람들의 마음속 깊은 곳에는 조건적인 사랑이 남아 있다.

잘해야만 칭찬을 받고 노력해야 인정을 받고 증명해야 받아들여질 수 있다는 감각이 사람들 마음에 깊숙하게 자리잡아 있다. 저마다 각자의 무언가를 증명하면서 살아가니까. 어쩌면 자기 스스로에게 증명하기 위해 치열하게 사는 걸지도 모르겠다. 아무도 나를 다그치지 않았는데 나를 다그치면서 계속 몰아가는 건 나 자신일 때가 많으니까.

열심히 산다는 건 좋은 것이다. 성실함 만큼 큰 무기도 없고 자신의 삶을 조금 더 나은 방향으로 이끌기 위해서 남들보다 더 투쟁하면서 사는 건 분명히 값진 일이다. 하지만 열심히 사는 것과 뭔가를 해야 한다는 강박에 시달리는 건 다른 문제다.

인간에게 사랑과 여행이 절대적인 가치를 가지는 것도 그런 이유 때문일 것이다. 사랑과 여행이 아니라면 무엇이 나를 느슨하게 만들겠는가. 오랜만에 떠난 여행이라 파리에 도착했을 땐 계획 없는 생활이 낯설게 느껴졌다. 할 게 없으면 쉬면 되는데 여기서도 영감을 찾으러 나가야 할 것만 같고 어떤 깨달음이라도 느껴야 할 거 같은 생각에 시달렸다. 뭔가를 해야 한다는 강박에서 벗어나지 못했기 때문이리라. 시간이 갈수록 조금씩 느슨해지면서 금방 나의 패턴을 되찾았다. '뭔가를 하지 않아도 되는 나'에 익숙해지는 중이다. 이제 나의 여행은 계획이 없다.

반고흐 초상화나 보러 갈까?

모나리자를 볼까?

정보도 후기도 없는 프렌치 식당에서 점심을 먹을까?

집에 오는 길에 영화관이 하나 있던데 영화를 볼까?

늘 뭔가를 위해 애쓰면서 살아간다. 자기 자신에게 지금 이대로도 괜찮다고 말해줄 수 있을 때 진짜 쉼이 시작된다. 쉬어야 멀리 갈 수 있다는 사실을 알면서도 쉬는 게 쉽지 않다. 당연히 먹고 사는 문제도 중요하니 매일을 여행자처럼 일상을 살 수 없을 것이다.

쉬는 것도 연습을 하지 않으면 정작 쉬어야 하는 중요한 순간에 쉬지 못한다. 무조건 열심히만 사는 건 비우는 것 없이 계속 채우는 것이다. 쉬면 정리가 되고 정리가 되면서 생긴 여백에 새로운 것이 들어올 수 있다. 계속 채우기만 하면 언젠가는 터져버린다.

우리에게 필요한 것은 아무것도 하지 않아도 되는 시간을 내가 나에게 허락하는 것이다.

## 'Bonheur'
행복

넌 아직 충분히 젊어.

10년 전쯤, 사는 게 도무지 마음대로 되지 않던 날 무작정 같은 내용의 글을 몇십 장 적어서 길거리에 붙이고 다녔다.

같은 내용의 글을 몇십 번씩 적으면 마음이 편해졌다. SNS도 만들어서 길거리에 붙인 종이 사진을 올리고는 했다. 사람들은 글의 내용이 보여야 하는 게 아니냐고 했다. 내가 찍은 사진은 글의 내용은 보이지 않고 삭막한 도시에 종이가 붙어 있는 모습이 대부분이었다.

처음엔 사람들의 반응이 나타나지 않았다. 괜찮다. 사랑받기 위해서 시작한 일이 아니라 나를 위해 시작한 일이었으니까.

몇 개월 고된 작업을 이어가자 재밌는 일이 생기기 시작했다. 내가 붙인 글의 내용이 마음을 전달하는 매개체로 사용된 것이다.

짝사랑에 관한 내용이 담겨 있다면 글을 보고 공감한 사람이 그 종이를 가지고 자신이 사랑하는 사람의 문 앞에 붙여두고 오는 식으로 사용된 것이다. 사람들에게 조금씩 글이 적힌 종이가 길거리에 붙어 있다는 게 인식될 때쯤 두어 곳에서 인터뷰를 진행했다. 슬슬 사람들이 나를 알아주기 시작했다.

여전히 길거리에 있으면 마음이 편하다. 기댈 곳이 없던 시절 길거리에서 많은 시간을 보냈기 때문일까. 길거리를 하염없이 걷고 나면 내가 가지고 있던 삶의 무게, 고민, 후회 같은 것이 많은 사람 속에서 중화된다. 나도 이 많은 사람 중 한 명일 뿐인데 뭐 그리 대단하게 사려고 하는가?

처음 글을 길거리에 붙인 것도 추억처럼 말할 수 있을 정도로 오랜 시간이 흘렀다. 매년 에세이를 하나씩 냈다. 그 외에도 어딘가에서 요구하는 글이 있으면 최선을 다해서 작업했다. 글을 쓰는 것과 별개로 자기 자신을 알리는 것도 중요하니 SNS도 쉬지 않고 했다. 처음엔 좋아서 시작한 일이지만 조금씩 부피가 커졌고 어느 순간 직업에 가까워져 있었다.

좋아서 시작한 일이 직업이 됐을 때의 괴리감이란.

처음엔 단순히 좋아서 시작했던 일에 돈, 결과, 속도, 성과 같은 것이 따라붙기 시작한다. 처음 종이에 글을 써서 길거리에 붙일 때는 즐긴다는 마음이 컸다. 에세이를 몇 개 쓰지 않았을 때만 해도 노트북을 여는 게 행복했다.

오늘은 어떤 이야기를 쓸까?

시간은 빠르게 흘렀다. 시간이 흐르는 것만큼 내 마음과 태도에도 변화가 찾아왔다. 기쁨과 즐거움의 자리에 책임, 경쟁, 결과가 스며든 것이다. 점점 잘해야 한다는 부담감에 기쁨은 생존의 조건으로 넘어가기 시작했다. 이러한 과정이 더 슬프게 느껴지는 것은 사랑하던 것이 해야만 하는 일이 되어버린다는 것이다.

좋아서 시작한 일이 직업이 되면 상처도 많이 받는다. 사랑하는 대상에서 느껴지는 감정이 원래 더 깊은 법이니까. 아무런 연고도 없는 타인이 말했다면 전혀 상처받지 않을 말도 사랑하는 사람이 하면 유독 아프게 남는다. 좋아서 시작한 일이기에 자존심 상하는 일이 많다. 나에게 묻는 것이다.

"내가 하고 싶었던 일과 지금의 나는 얼마나 멀어졌을까?"

다시 한번 묻는 것이다.

"내가 살고 싶었던 삶과 지금의 나는 얼마나 멀어졌을까?"

인간의 궁극적인 목표는 행복이다.

행복에 대한 정의는 다를 수 있어도 결국에 도달하고 싶은 곳은 행복이라는 게 내 생각이다. 인생에 대한 권태가 찾아올 때면 그 깊이가 깊어서 행복에 대한 고민을 한 적이 많다. 무엇이 삶을 행복하게 할까에 대해 내가 내린 결론은 두 가지다.

행복하기 위해서는 잘 채우는 것이 아니라 잘 비우는 것이 중요하다. 인간관계 같은 것이다.

인간관계는 무릇 좋은 사람의 양을 늘리는 것보다 안 좋은 사람을 빨리 쳐내는 게 더 도움 되지 않는가. 행복하기 위해서는 계속 채우는 것이 아니라 불필요한 것을 비워내야 한다.

미련, 후회, 그리움, 아집, 놓아야 하는 사람, 안 쓰는 물건 같은 것들.

두 번째는 마음의 나이와 몸의 나이를 맞추는 것이다.

"힘든 일을 많이 겪으면 마음이 늙어요. 몸은 20대, 30대인데 마음은 50대, 60대가 되는 거죠."

"연애할 때 남들은 이해하지 않으려는 걸 이해하려는 습관도 다른 사람을 품어주는 것도 일상의 권태감이 심하게 찾아오는 것도 다 똑같은 이유 때문이에요. 마음이 60대인데 이해하지 못할 게 뭐가 있겠어요."

"근데 그럼 내가 힘들어요. 몸의 나이랑 마음의 나이를 같게 해보세요. 20대에는 20대에 하는 고민을 하고 30대에는 30대가 하는 고민을 해보세요."

아는 선생님께 인생이 권태롭게 느껴질 때면 그 깊이가 커서 감당이 안 된다고 말했을 때 돌아온 대답이었다. 몸과 마음의 나이를 맞출 생각을 한 번도 해보지 않았던 나에겐 인생을 바꿔준 대답이었다. 몸이랑 마음의 나이가 다를 수 있구나.

파리에 있으면서 행복하다고 느낄 때가 많았다. 돌아가면 사라질 수 있지만 앞으로 어떤 작업을 해야 행복할 수 있을까에 대한 실마리도 찾을 수 있었다. 한국과 비슷한 생활을 했지만 행복하다는 생각이 자주 들었던 것은 온통 아름다운 것투성이인 동네 특성도 있을 것이다. 하지만 나를 가장 행복하게 해줬던 것은 무던함이었다.

비가 와도 괜찮고 많이 걸어도 괜찮고 옷에 와인을 흘려 물이 들어도 괜찮다. 나는 여행자니까.

인간 관계에 관한 스트레스나 업무적인 고민도 물리적 거리가 떨어져 있다 보니 평소보다 훨씬 더 무던하게 다가왔다. 누군가와 얼굴 붉힐 일 없이 메일로만 대화를 주고받으면 됐고 필요 이상으로 타인을 신경 쓰고 배려하느라 마음이 지치지 않아도 됐으니까.

무던하게 살자. 비울 거 비우고 중요하다고 생각하는 것만 중요하게 여기면서 살자는 내용의 짧은 글을 썼다.

새벽 한 시, 길거리에 붙이고 사진을 찍기에는 위험할 것 같지만 해야 할 것 같은 날이었다.

계단을 조심히 내려간다. 두꺼운 문을 열자 거리가 조용하다. 파리는 밤이 되면 온통 노란 불빛이 가득하다. 모든 가로등이 전구색이다. 이상하리만큼 아무도 없는 거리의 새벽 공기가 달콤하다. 오늘따라 유독 자동차도 없는 기분이다. 가로등에 글을 붙이고 사진을 찍었다.

긴장한 탓일까. 아니면 조명이 노란색이라 그럴까.

생각보다 예쁘게 나오지 않아서 여러 방법을 시도해 보고 있을 때 상큼한 공기 사이로 술 냄새가 풍겼다.

뒤쪽에서 사람 한 명이 나에게로 걸어오고 있었다.

그는 어느새 내 옆으로 오더니 나에게 말을 건넸다. 뭐하냐고 묻는 것 같았다. 늦은 시간, 게다가 술취한 사람과 낯선 해외라는 요소가 뒤엉켜 최대한 경계를 하고 휴대폰을 들었다.

불어를 못 알아듣습니다. 행복에 관한 짧은 글을 썼어요.

내 목소리는 곧 불어로 변환이 됐다. 휴대폰 화면을 보여주니 그 남자도 불어로 뭔가를 말했다. 진한 위스키 냄새와 함께. 그러더니 내 어깨를 지긋이 두드리고 위스키 냄새만큼 진한 눈빛으로 나를 몇초간 바라보았다. 조금 늦게 번역된 휴대폰에는 이렇게 쓰여 있었다.

좋아, 좋아, 그래 내 동생. 넌 충분히 젊어.

예상하지 못한 순간에 받은 위로 때문에 한동안 휴대폰에서 눈을 뗄 수가 없었다. 충분히 젊다는 말은 마음에 박히고 어깨에 남은 온기는 피부에 스며들고 있었다. 몇 초간 휴대폰을 멍하니 바라보다 고개를 드니 남자는 이미 도로를 건너 아무도 없는 골목으로 사라지고 있었다. 온통 노란 불빛 사이로.

사람들은 항상 지금의 나이가 늘 많다고 느낀다. 스무 살엔 스무 살이라서 부족하다고 느끼고 서른이 되면 벌써 서른이라며 초조해한다. 마흔이 되면 인생의 절반이 지났다는 생각이 든다. 항상 지금이 제일 늦었다.

아무래도 나이를 시간의 개념보다는 기회와 자격으로 받아들이기 때문이 아닐까.

나이가 든다는 것은 기회가 줄어드는 것을 뜻하고 그 나이에 이뤄야 하는 어떤 기대치와 일치하는 자격을 갖춰야 한다는 생각 때문에 항상 지금이 늦었다고 생각하는 걸지도 모른다.

하지만 조금만 지나 보면 알게 된다.

그때도 충분히 어렸고 그때도 나름의 최선을 다하면서 살았고 지금도 여전히 어리다는 것을. 지금 내 나이는 누군가의 간절한 내일일 수 있고 어떤 사람에겐 아직 한참 남은 미래일 수도 있다는 것을. 인생은 언제나 조금 부족하다. 조금은 아쉽고 조금은 늦은 것처럼 느껴져도 괜찮다. 시간은 숫자로 흐르지만 마음의 나이는 온도로 결정될 테니까.

오래 기억하기로 한다. 어느 새벽 신이 내게 머물렀던 그 순간을.

행복을 바라는 마음이 아직 내 안에 살아있다면 충분히 행복할 것이다.

우린 아직 젊으니까.

## 'Vie'
인생

겉으로 보이는 좋은 면 말고
진짜 내 모습은 나 스스로가 가장 잘 안다.

"무조건 떠나야지. 무조건. 고민할 것도 없어요."

지금 파리에서 일하면서 지내고 있는 친구가 파리로 떠날지 말지 고민하고 있을 때 내가 힘을 주어 몇 번이고 했던 말이다. 무조건 떠나야 한다고. 힘들 테지만 쉽게 할 수 없는 경험이고 아직 나이도 어리니 지금 남다른 경험을 하면 훗날 삶의 궤도가 조금씩 바뀔 거라고 단호하게 말했던 기억이 있다.

그 생각은 조금씩 깨지다가 파리에서 두어 번쯤 만났을 때 산산조각 났다.

파리에 처음 도착했을 때부터 집을 구하는 문제 때문에 온갖 고생을 했다는 것은 알고 있었다. 물론 같이 일하기로 한 상사의 집에서 머물기도 하고 이미 자리를 잡은 사람이 있으니 도움을 받았다고는 하지만 집에 물이 새는 바람에 쫓겨나고 가방 하나 놓을 공간에서 자는 모습을 보면서 내가 너무 함부로 말했나 싶은 거였다.

낭만이라고 하기엔 가혹한데?

파리에서 몇 번 같이 밥을 먹고 산책을 하면서 들은 사실은 더 그랬다.

많은 사람이 해외에서 지내면서 일하려고 여러 나라로 떠나지만 파리에 잘 안 오는 이유가 있을 정도로 높은 세금을 걷는다. 자국민이라면 그 세금이 나중에 돌아오지만 외국인에게는 먼일이다. 외국인이 돈을 벌고 좋은 생활을 할 수 있는 구조가 아니라는 것을 자세히 듣자 다시 한번 더 내가 타인의 삶이라는 이유로 함부로 말했나 싶었다. 과연 나라면 쉽게 떠날 수 있었을까?

그 친구의 삶은 제법 괜찮아 보인다. 자신의 기술을 사용해서 해외 생활을 하고 있으며 너무나 아름다운 도시 파리 아닌가. 조금만 이동하면 오로라도 볼 수 있고 사랑해 마지않는 포르투 같은 곳은 경기도민이 서울을 나가는 것과 비슷한 시간이 걸린다. 얼마나 좋아 보이겠는가.

내가 파리에 도착할 때쯤 그 친구의 상사가 한국으로 여행을 떠났다. 상사의 부재를 메꾸기 위해서 하루도 쉬지 않고 일하던 친구는 상사가 돌아올 때가 되자 설레했다. 모든 것이 다 제자리로 돌아오고 며칠 만에 친구를 만났다.

"한국에 있는 지인들이 저 잘 지내냐고 물어봤다고 하더라고요. 잘 지낸다고 대답했더니 다 부럽다고 했대요."

맥주 한잔과 함께 이야기를 털어놓는 그 친구의 표정은 어딘가 쓸쓸해 보였다. 잘 지낸다는 추상적인 말에는 판단이 포함되어 있다. 그 판단은 스스로 내릴 수도 자신의 관점으로 타인의 삶을 재단할 수도 있다.

잘 지내는 것의 정의가 자유로워 보이고 낭만적인 도시에서 머무는 것 자체라면 잘 지내는 게 맞을 것이다. 잘 지내는 것의 정의가 자신의 능력으로 먹고살면서 쓰임 받는 삶을 사는 거라면 잘 지내는 게 맞을 것이다. 내가 쓸쓸함을 읽었던 건 다른 이유 때문이었다.

그 친구가 여기 오기 위해 포기했던 것들을 그 누구보다 잘 알기 때문이다.

한국에서도 자신의 실력을 인정받았기에 꽤 안정적이고 탄탄한 생활을 하고 있었다. 퇴근길에 오토바이 타는 게 취미였으며 주말이면 사람들을 만나 또래처럼 좋은 곳, 예쁜 곳을 다니며 즐길 때도 있는 사람이었다. 열심히 일한 만큼 돌아오는 것도 있으니 때로는 누군가가 부러워할 만큼의 삶을 살기도 했을 것이다. 익숙한 것을 버린다는 건 큰 용기가 필요하다. 편안함을 벗어나기 위해서는 그동안 한 번도 하지 못했던 선택을 내려야 한다.

한국에서의 삶은 미래를 위한 축적처럼 느껴지지만 해외에서의 낯선 삶, 특히 외국인으로 해외에서 사는 삶은 무언가를 축적하는 느낌이 들지 않는다.

그 모든 것을 다 버리고 선택한 게 파리다.

어쩔 수 없이 아직은 그 나이에 꼭 해야 하는 삶의 틀이 정해져 있는 사회에서 공백기를 1년, 2년씩 갖는다는 건 쉬운 일이 아니다. 특히나 경험에 그만큼의 시간을 투자하는 건 더 인색하다.

누군가에게는 그 친구의 삶이 좋게만 보이는 것이다. 그가 포기한 것은 아무것도 모를 테니까.

갑자기 떠난 여행이었기에 파리에서 지내면서 연락이

오는 대로 지금 한국에 없다는 소식을 전했다. 파리에서 지내고 있다고 말하면 다 같은 대답이 돌아왔다.

부럽다. 좋겠다.

심지어 별로 친하지도 않은 사람들 사이에서는 내가 투자가 대박이 났다는 소문이 돌고 책이 엄청나게 팔려서 프랑스에서 몇 달은 지낼 수 있는 재력가가 되어있었다. 그냥 웃어넘겼다. 돈으로 돈을 버는 재주는 없으며 출간을 안 한 지 3년이 넘었다는 말은 굳이 할 필요가 없었으니.

어떤 여행은 가고 싶어서 가는 것이 아니라 숨을 쉬기 위해서 떠나는 여행도 있다.

엄청 무거운 물건을 들어서 힘든 경우도 있지만 아무것도 들지 않고 팔을 오래 들고 있어도 힘들다. 인생에서 느껴지는 고통은 제각각이다. 한 사건만 치워버리면 되는 경우도 있고 작은 것이 오래 머물면서 지치게 하는 경우도 있다.

인생은 나에게 무슨 일이 벌어지고 있는지조차 이해하지 못하는 사이에 변한다. 지독하게 고통스럽다는 것은 자신의 삶을 재창조해야 하는 순간이라는 뜻이다. 자신의 삶을 송두리째 바꾸는 창조는 익숙한 곳에서 가능하지 않다. 아주 낯선 곳에서 완전한 고립을 통해 삶을 배운다. 나에겐 이번 여행이 그런 의미였던 것이다. 최대한 멀리 가면 뭔가가 보이지 않을까?

그 친구의 삶이 얼마나 치열한지 모르고 겉으로 보이는 것만으로 쉽게 부러워했던 사람들처럼 삶은 왜곡된다.

늘 재밌고 밝게 사는 것 같지만 내가 얼마나 힘들었는지는 내가 안다. 사랑할 땐 사랑하고 떠날 땐 떠나는 모습을 보면서 원래 그런 사람 같겠지만 후회하고 싶지 않아서 정말 죽도록 노력했던 시간을 내가 안다. 다정하고 좋은 말을 쉽게 건네는 것 같지만 그런 깨달음을 얻기까지 무너지지 않기 위해 얼마나 버텼는지는 내가 안다. 어딘가로 훌훌 떠나고 매번 뭔가를 배우면서 재밌게 사는 것처럼 보이지만 그러기 위해 포기한 것들과 아무도 모르게 불안했던 시간을 내가 안다. 겉으로 보이는 좋은 면 말고 진짜 내 모습은 나 스스로가 가장 잘 안다.

반면 타인의 삶을 함부로 재단하는 것은 쉽다. 눈에 보이는 것들로만 판단하고 자신의 관점으로 해석하는 일은 본능적이다.

내가 머물고 있는 동네는 도심 쪽이라 사람도 많고 관광지도 많다. 게다가 연말, 연초였으니 얼마나 세상이 반짝거리겠는가. 모두가 다 함께 걷는 거리에서 두꺼운 옷을 껴입고 잠을 자는 사람들을 보면 자연스럽게 눈길이 간다. 홈리스가 참 많다. 강아지와 함께 생활하는 사람. 눈을 마주치면 살갑게 인사하는 사람. 삼삼오오 모여 와인을 마시는 사람까지 형태도 다양하다.

매번 지나가는 길에 있는 그 사람은 달랐다. 두꺼운 패딩을 입고 왼팔 소매에 오른손을 집어넣고 왼팔은 오른손 소매에 집어넣고 가만히 앉아 있다. 푹 숙인 고개, 모자, 턱 끝까지 올린 지퍼 때문에 아무것도 보이지 않는다. 자는 거라면 누워서 자도 될 텐데 앉아 있다. 고민을 하고 있는 거라고 하기엔 아무런 삶의 의지도 느껴지지 않는다. 멈춰있다. 모든 것이 살아있는 동네에서 그 사람만 멈춰있다.

처음엔 그저 잠깐이라고 생각했다.

하지만 하루에 몇 번을 왔다 갔다 하면서 그를 마주쳐도 미동도 없었다. 아침 일찍도 밤늦게도 멈춰있다. 돈을 놓을 수 있는 작은 상자 앞에 앉아 있기만 한다. 고개를 푹 숙이고.

눈빛, 표정, 얼굴 아무것도 보이지 않는데 기운만으로도 삶의 의지가 이토록 없을 수 있나?

인생이 많이 요동치던 시기에 서울역에서 노숙하면서 지낸 적이 있지만 그곳에서도 이렇게 삶의 의지가 없는 사람을 본 적은 없다. 아무리 술을 마시고 아무리 잠만 자더라도 생명력이 조금씩은 느껴졌다.

어떤 사연이 있길래 저렇게 멈춰있는 걸까? 싶다가 그만 생각하기로 한다.

어쩌면 이것 역시 타인의 삶을 함부로 재단하려는 몹쓸 마음일지도 모르니까.

인간은 자신의 삶에는 관대하고 타인의 삶에는 엄격하다. 자신의 삶은 이해하고 타인은 해석하려고 한다. 그래, 그럴 수 있지. 내가 모르는 어떤 일이 있을 수 있지. 그 사람의 삶을 가장 잘 아는 것은 그 사람일 테니까.

어쩌면 삶의 의지를 상실한 것이 아니라 오랫동안 자유로워지고 있는지도 모르지. 인생을 다시 재창조하고 싶어 떠났던 내 여행이 누군가에게는 행복으로 보였던 것처럼.

결국 내 인생의 모든 굴곡과 고통 혹은 한순간의 행복도 오직 나만이 아는 이야기다. 다른 누군가의 시선에 흔들릴 필요 없이 내 마음 깊은 곳에 숨겨진 이야기들은 내가 가장 잘 알고 있다.

더는 타인의 삶을 함부로 평가하지 않고 내 삶이 함부로 평가받길 원하지 않는다. 우린 저마다의 영역에서 자신만의 이야기를 만들어가는 중이니까.

'Destin'
운명

낯선 사람을 보면서
저 사람은 어떤 인생을 살고 있을까?
생각하게 되는 순간이 있다.

여행 가방만큼 그 사람의 가치관을 단번에 알 수 있는 건 없다.

첫 여행 땐 아무것도 몰라서 챙기지 못한 물건이 많았다. 두 번째 여행에서는 첫 여행의 단점을 보완하고자 마치 이사라도 가는 것처럼 모든 물건을 다 챙겨갔다가 거의 쓰지 않고 그대로 가져왔던 기억이 있다. 필요한 것과 필요하지 않은 것을 구분해 내는 건 늘 어렵다. 여행이 좋은 점은 내게 필요한 것과 필요하지 않은 것을 하나씩 알게 해준다는 것이다.

이제는 무조건 챙기는 게 두 개 있다. 안경과 책이다. 이번에도 옷은 몇 벌밖에 챙기지 않았지만 안경과 책은 꼭 챙겼다. 그 안경이 가장 빛을 봤던 건 공연장이다.

오래된 호텔을 개조해서 방을 돌아다니면서 연극을 볼 수 있는 몰입형 연극을 예매했다. 크리스마스가 지난 다음에 크리스마스를 주제로 해서일까. 평일 저녁이어서일까. 나와 프랑스 가족 한 팀을 빼고는 사람이 없었다.

안내해 주는 직원은 모든 연극이 프랑스어로 진행되는데 괜찮냐고 물었다.

알아 들을 수는 없지만 스토리나 배우의 표정은 이해할 수 있다고 말했더니 나에게 망토 하나 건넸다. 망토를 어깨에 걸치고 한 가족의 뒤를 따라 조심스럽게 입장을 했다.

첫 공간에는 기관사가 있었다. 우리가 볼 연극에 대한 비밀 같은 것을 말해주면서 한 사람 한 사람에게 이것저것 묻기 시작했다. 불어를 못 알아듣는다고 대답했더니 옆에 있던 분이 친절하게 알려줬다. 받고 싶은 선물을 묻는 거라고. 아이들은 망설이지 않고 금방 대답을 했다.

어른은 무슨 선물을 받아야 행복할까?

안내를 받아서 이동한 다음 방에는 할머니와 한 여자가 있었다. 주인공들이 책을 보면서 이야기를 주고받고 신비한 음악과 드라이아이스가 나오는 걸로 봐서는 비밀에 대해 본격적으로 이야기하는 것 같았다. 5분 정도의 연극이 끝나고 책장이 열리더니 다른 공간으로 이동을 했다. 할머니 앞에서 놀란 표정으로 연기를 하던 배우가 우리를 안내했다.

다음 공간에는 세 명의 배우가 있었다. 자리에 앉아 공연을 관람하려고 하는데 조금 전 방에서 공연을 한 배우가 내 옆에 앉았다. 사람이 많았다면 그저 관람객이라고 생각했을 수 있겠으나 프랑스 가족과 나뿐이었으니 단번에 알아차릴 수 있었다. 안 그래도 방에서 진행하기 때문에 배우와 관객의 거리가 엄청 가까운데 심지어 배우가 관객과 나란히 앉아 있다니.

내 옆에 앉은 여자는 나에게 무엇인가를 물었다. 이번에도 불어를 하지 못한다고 대답했다.

그러자 그녀는 영어로 불어를 못하느냐고 물었고 나는 그렇다고 대답하면서 한 마디를 덧붙였다.

"그래도 느낄 수는 있어요."

내 대답이 시작하자마자 그녀도 동시에 얘기하는 것이다.

"상관없죠. 그래도 느낄 수는 있을 테니."

"반가웠어요. 저는 이제 공연하러 가야 해요."

짧은 말을 덧붙이고 그녀는 관객석에서 일어나 무대로 향했다. 무대라고 해봐야 일어난 자리에서 몇 걸음 걸어가는 거지만 다시 연극을 시작하자 안경을 가져왔단 생각을 잘할 수밖에 없었다. 그녀의 눈빛 때문이다. 가까운 거리에서 잠깐이라도 대화를 나눠봤다는 친밀감으로 더 자세히 바라본 그녀의 눈빛은 그 어떤 성탄절 장식보다 빛났다. 늦은 새벽 깊은 산에서 우연히 고개를 들어 하늘을 봤을 때 쏟아지는 별빛 같은 눈빛. 다정하지만 확실한 힘을 가진 눈빛이다.

공연은 비밀을 풀고 행복하게 살았답니다, 하는 내용으로 끝났다. 장소를 이동하면서 공연을 보는 것도 배우와 관객의 거리가 몹시 가까운 것도 인상 깊었지만 건물 계단을 내려오면서도 계속 생각이 났던 건 그녀의 눈빛이었다.

낯선 사람을 보면서 저 사람은 어떤 인생을 살고 있을까? 생각하게 되는 순간이 있다.

공연은 30분마다 한 번씩 진행된다. 다시 말하자면 그녀는 그 자리에서 같은 내용의 연기를 30분마다 한 번씩 해야 한다는 것이다. 30분마다 같은 내용의 연기를 한다면 기분이 어떨까? 또 어떤 이유로 연기에 빠지게 되어 그런 단단한 눈빛을 가지게 됐을까? 묻고 싶은 게 하나둘씩 피어오르기 시작했다.

나의 호기심은 단순히 멋있다는 사실 때문은 아니었다. 타인을 통해 자신을 되돌아보게 된다는 것은 쉽지 않은 경험이다. 나는 무엇을 바라볼 때 눈빛이 저렇게 빛날까?

파리는 한창 일본 문화가 스며들고 있다. 카페는 음식을 같이 파는 곳과 커피만 전문적으로 취급하는 곳으로 나뉜다. 일본 감성을 담은 카페의 인기가 상당하다. 주말에 대기는 물론이고 평일 점심도 시간을 잘못 맞추면 줄을 서야 한다. 운 좋게 집에서 3분도 걸리지 않는 곳에 차가운 커피를 마실 수 있는 곳이 있다.

나의 루틴 중 하나는 매일 아침 그곳에서 커피 한 잔을 사는 것이다.

처음엔 낯선 이방인이었지만 한 보름쯤 갔을까? 그때부턴 내가 인사를 하면 주문하기도 전에 샷을 내리고 얼음컵을 만든다.

그날은 가게가 바빴던 터라 주문을 하고 안쪽에 잠시 앉아서 카운터 쪽을 보면서 기다리고 있었다. PARK, 이라고 부르는 내 이름이 잘 들리지 않아서 집중해야 한다.

오늘은 어떤 하루를 보낼지 고민하고 있을 때 볼펜 떨어지는 소리가 났다. 발 옆에 떨어진 볼펜을 주워 고개를 돌리자 한 사람이 노트북 앞에 앉아 있었다. 그 사람은 나를 보자마자 눈이 실시간으로 커졌다. 그건 나 역시 마찬가지였다.

나도 한껏 커진 눈으로 망토를 두르는 모습을 흉내 냈다.

"당신 기억해요."

그녀였다. 단단한 눈빛을 가진 그 사람. 그녀는 나에게 첫인사로 기억한다는 말을 건넸다. 아침이고 카페 안이 생각보다 밝아서 순간 헷갈렸지만 눈을 마주치자 단번에 알아볼 수 있었다.

"여기 근처 사세요?"

여행객이 현지인에게 여기 근처 사냐는 이야기를 하다니 바보 같은 순간이 아닐 수 없다. 그녀는 근처에 산다고 했다. 일하냐고 물었더니 대본을 써보고 있다고 했다.

"여행 중이시죠?"

오랫동안 있었는데 한눈에 내가 여행객처럼 보이는 걸까? 아니면 단단한 눈빛으로 꿰뚫어 보는 걸까. 고개를 가볍게 끄덕이고 약간의 정적이 흘렀다. 나에겐 여행 중이냐는 그 질문이 헤매는 중이냐고 물어보는 것처럼 느껴졌다. 많은 것을 헤매고 있는 건 어떻게 알았는지. 다음 대화로 어떤 말을 해야 할지 고민하고 있을 때 익숙한 소리가 들렸다.

PARK,

PARK?

이미 테이크아웃으로 시켰기에 마시고 간다고 하지도 못하겠고 그녀가 나와 더 대화를 하고 싶은지도 모르겠으니 한 손에 커피를 들고 그녀에게 인사를 건넸다. 만나서 반가웠다고. 저번에 공연 정말 좋았다는 말을 하고 싶었다. 정확히는 당신 연기와 눈빛이 정말 좋았다는 말을….

하지만 내가 하고 싶은 말을 완벽하게 표현할 수 있는 영어 능력이 안 되기 때문에 그저 활짝 웃었다. 반가웠다는 말과 함께. 그녀는 나에게 가까이 다가오더니 주머니

운명 121

에서 뭔가를 꺼내 내 손 위에 올려주었다. 비닐에 쌓여있는 작은 초콜릿이다. 이번에도 활짝 웃었다. 그녀도 활짝 웃는다. 카페에서 나와 오른쪽으로 올라가면 집이고 왼쪽으로 내려가면 하루가 시작된다. 초콜릿을 입안에 넣고 일찍 하루를 시작할까 하여 왼쪽으로 걸었다.

낯선 곳으로 여행을 떠나다 보면 으레 한 번쯤은 운명적 만남을 꿈꾸고는 한다. 공항에서 서로의 수화물이 바뀐다거나 우연히 옆자리에서 운명의 상대를 만나 말을 걸게 된다거나 하는 것들….

작은 신호로 시작하여 마치 운명의 한가운데에 서 있는 사람처럼 깊이 빨려 들어가는 것….

확률이 낮은 사건이 일어날 때 사람은 뭔가를 붙이기 마련이다. 운명, 우연, 기적 같은 단어를.

낯선 나라에서의 일반적이지 않은 상황이 그 순간을 더 매력적으로 느끼게 할 수 있다. 심지어 나는 그 사람의 눈빛을 멋있다고 생각하지 않았는가. 내가 그 상황을 낭만적이라고 느끼는 순간 이제 모든 것은 속도를 내기 시작할 것이다.

가정을 해보는 것이다. 아무 일도 일어나지 않았던 그

사건들에 내가 용기를 내거나 더 낭만적인 상황이 겹쳐서 결국 그 사람이 내 인생에 들어오기 시작했다고 말이다.

우리는 첫 만남에 이런 말을 주고받을지도 모른다.

"절에서 귀신 체험을 한 적이 있어요."

그럼 그녀는 처음 만났을 때처럼 눈을 동그랗게 뜰 것이다.

"절에서 귀신을?"

"유치원 다닐 때였는데 엄마가 불교를 믿어서 불교 유치원을 다녔거든요."

"불교 유치원이라는 게 있다는 것도 신기한데요?"

"그렇죠? 근데 더 웃긴 건 여름 캠프처럼 절에서 다 같이 자는 날이었는데 밤이 되니까 귀신 체험을 하는 거예요. 불교 유치원에서 귀신 체험이요."

"진짜 무서워서 체했거든요. 한국에서는 체하면 손가락 따는 민간요법이 있는데 손가락 열 개, 발가락 열 개 다 따도 안 내려가서 결국 엄마가 밤에 절 데리러 왔어요."

"그때 처음 느꼈던 것 같아요. 어떤 아픔은 사랑하는 사람이 치료해 줄 수 있구나. 엄마한테 안기니까 금방 괜

찾아졌거든요."

그녀는 창밖을 한번 바라보고 고개를 돌릴 것이다.

"좋은 얘기 해줬으니까 저도 재밌는 얘기 하나 해줄게요."

"사람들이 유럽은 자유롭고 평등할 거라고 생각하잖아요. 특히 프랑스는 더."

"사실은 전혀 그렇지 않아요. 학연, 지연이 촘촘하게 엮여 있죠. 보이지 않는 유리천장이 너무 심해요. 어릴 때부터 좋은 환경에서 자란 애들이 좋은 학교에 가고 그 시스템 안에서 자란 애들이 사회의 중요한 자리에 앉아요. 그들은 자기와 같은 출신의 사람들을 이끌어주죠."

"귀신보다 그 사람들이 더 나쁜 사람들 아니에요?"

우리는 서로 그렇다며 웃을 것이다. 낯설기 때문에 오히려 자유로워지고 그 자유로움은 어떤 해방을 선사한다. 그 해방감은 서로에게 솔직해지고 그 솔직함은 관계를 더 빠르게 가까워지게 만든다.

나는 이제 주변 사람들에게 그 사람을 소개할 때 낭만적인 멘트로 시작을 할 것이다.

"내가 여행에 갔는데…."라는 말로 시작해서 "이런

걸 운명이라고 부를까?"라는 말로 끝날 것이다.

그렇게 시작된 관계가 진실된 운명이라서 아무런 문제 없이 사랑이 이어질 수 있다. 정말 서로 한 번도 다투지 않고 서로가 서로에게 필요한 존재가 되거나 이미 완벽했던 두 사람이 서로 함께 함으로써 더 나은 사람이 될 수 있다.

하지만 아무리 멋지게 시작했다고 하더라도 사랑하면서 흔히 겪었던 일들이 일어나지 않는 것은 아니다. 시차를 극복하지 못한다거나 문화적 차이를 극복하지 못하는 등 여러 문제에 마주쳐서 서로 얼굴을 붉힐 수 있다.

"아니 어떻게 그래?"

어느 순간 카페에 앉아 이런 말을 주고받는 것이다.

모든 것이 궁금했고 모든 것이 낭만적이라고 느꼈던 시작에서 그 어떤 연애와 다르지 않은 국면으로 흘러가는 것이다. 누군가와 사랑에 빠질 때 그 사람에 대해서 아는 것보다 모르는 것이 훨씬 더 많은 상태에서 시작할 수밖에 없다. 그렇게 태어난 것이다 인간은. 아무리 조심스럽게 시작한 사랑이라고 한들 아무리 오래된 관계가 연인으로 발전했다고 한들 어떤 단면을 볼 수밖에 없다.

사랑이 시작되고 나서는 전부가 보이기 시작한다. 사랑은 찬란하게 시작했다가 어느 순간에는 생활로 전이된다.

관계의 존속을 결정짓는 건 그때다.

일부에서 전부로 넘어가고 순간에서 생활로 넘어가는 그쯤. 더는 낭만적이고 강렬한 시작이 둘 사이에 영향을 미치지 않는 단계까지 흘러가면 그때부터는 모든 만남도 평범해진다. 아무리 화려한 시작이었다고 한들 수많은 갈등과 오해 다툼 사이에 놓일 수밖에 없다.

그래서 나는 더는 여행지에서 운명적인 만남을 기대하지 않는다. 어차피 똑같이 흘러갈 테니까. 지인에게 이런 말을 했더니 재밌는 대답이 돌아온다.

"그래도 다른 걸로 다투는 게 낫지 않아? 비슷해서 다투면 더 힘들어. 차라리 외국인이나 외계인을 만나."

웃기지만 맞는 말인 거 같기도 하고.

하지만 진짜 웃긴 것은 바로 나다. 그 카페에서 그녀를 만난 이후로 나에게 생긴 변화가 있다.

카페에 가게 될 때마다 신경이 쓰였다는 것이다.

혹시나 그녀가 그곳에 또 있는 건 아닐까? 커피를 마

시고 갈 때면 책을 보다가도 문 열리는 소리가 나면 나도 모르게 쳐다보게 된다. 어떤 날은 피곤해서 커피를 사러 두 번이나 간 적도 있었다. 파리에 오고 나서 하루도 빠지지 않고 갔던 곳인데 카페 문을 열기 전에 마음이 철컹하는 느낌을 받은 건 그녀를 만나고 난 이후부터였다. 그곳은 나에게 하루를 시작하는 의식처럼 편안한 곳이었는데 심지어 일부러 그 카페 앞을 지나 집으로 향한 적도 있다. 그 이상한 인식은 조금씩 덩치가 커지더니 이젠 거리를 걸을 때도 주변 사람을 유심히 보게 됐다. 아무리 그녀를 떠올리지 않으려고 해도 자꾸만 생각나는 건 어쩔 수가 없었다.

마음은 정말 마음대로 되지 않는다.

정말 웃긴 건 이런 것이다. 어떤 한 사람이 내 삶에 들어오고 나면 그 사람을 알기 전으로 되돌아갈 수 없다는 것.

평생을 그 사람이 누군지도 모르고 살았는데 그 사람이 마음에 들어오고 나서부터는 그 사람을 알기 전으로 되돌아갈 수가 없다.

운명

'Esprit'
마음

언제나
내 마음에게만큼은 지각생이다.

하루 가볍게 다녀오지 뭐,

랭스행 기차를 타기 위해 역으로 가면서 혼잣말을 했다. 파리를 벗어나지 않고 매일 그 안에서 반복된 일상만 보내다 보니 뭐라도 해야 할 것 같아서 떠난 거였다.

그래도 파리에 왔는데 와인 투어는 한번 해야 하는 거 아닌가?

같이 가는 친구들 쉬는 날에 맞추다 보니 갈 수 있는 곳이 많이 없었다. 게다가 대부분 농장이 와인 투어를 받지 않는 기간이었다. 내가 알고 있는 브랜드 한두 개 정도는 예약을 받고 있었지만 우리가 갈 수 있는 날에는 신청을 받지 않았다. 두 가지 기준을 정했다.

가격이 비정상적으로 저렴하지 않을 것.

후기가 너무 적지 않을 것.

처음 보는 농장의 와인 투어를 예약하고 향한 기차역은 해가 뜨기 전이었다. 기차역에 서 있으니 비로소 여행 중이라는 사실이 실감 난다. 해 뜨기 전 기차역이 주는 특유의 분위기가 있다. 저 많은 사람들은 다 어디로 가는 걸까?

랭스는 한 시간이면 도착한다. 샴페인의 본고장이라고 불리는 곳이다. 파리보다 덜 복잡하고 덜 화려하지만 고요한 아름다움이 있다. 동네가 정말 조용하다. 거리에 사람도 없고 낮은 건물 덕분에 도시가 더 차분해 보인다. 이른 아침을 먹기 위해 겨우 문 연 카페를 찾아 그곳으로 향했다. 손님은 우리뿐. 주인은 방금 막 문을 열었는지 주문을 받을 땐 멀쩡했는데 음식을 내어줄 땐 머리가 젖어 있었다. 아무래도 주방 근처에 씻을 수 있는 곳이 있는 것 같았다. 2층에선 생활을 하고 1층을 카페로 쓰나? 갑자기 젖은 머리로 나온 모습이 왜 그렇게 재밌게 느껴지던지.

아마 이 기억은 어느 날 인생이 퍽퍽하게 느껴질 때

갑자기 생각나 잠시 웃게 할 것이다.

와인 투어는 우리 일행이 전부다. 우리를 맞이해주던 사람은 완전 비밀스러워서 좋지 않냐며 밝은 미소로 반겼다.

투어는 와인 저장고를 구경하고 신청한 코스에 맞는 와인을 마시는 것으로 끝난다. 일반 가정집 같은 곳에 잠겨 있는 문을 여니 지하 저장고로 이어졌다. 파리가 매력적인 이유 중 하나다. 겉으로 보이는 모습과 대문을 열면 등장하는 모습이 사뭇 다르다. 일반 가정집 같은 곳에 이렇게나 깊은 지하 저장고가 있을 줄이야.

몇 미터인지 가늠도 안 될 만큼 깊은 지하에서 자리를 옮기며 와인이 어떻게 만들어지는지 샴페인과 일반 와인의 차이점은 무엇인지, 자신의 농장이 가진 장점은 무엇인지 같은 것들을 하나씩 말하기 시작했다. 낯선 외국인 세 명을 세워놓고 혼자 말하는데도 세 명의 기운을 뚫을 정도였다. 어찌나 친절하고 열정 가득하던지. 중간중간 건네는 농담과 우리끼리 대화할 때 잠시 기다려주는 배려는 친절하다는 말로 표현하기에 부족했다.

내가 좋아하는 말 중 하나는 선생님한테 학생이 딴짓

하는 게 다 보이지만 반대로 학생에게도 선생님이 귀찮아하는 건 다 보인다는 말이다.

만약 그 사람이 투어 안내를 귀찮아했으면 느껴졌을 것이다. 반대로 우리가 집중해서 듣지 않으면 그 사람에게도 느껴졌을 것이다. 정말 진심으로 설명해 주고 있다는 게 느껴지자 애정이 생기기 시작했다.

아마 한국에서 봤더라면 절대 사지 않았을 것이다. 아무리 봐도 패키지 디자인이 영 아니다. 하지만 알게 되면 애정이 생기고 애정이 생기면 태도가 달라진다.

서늘하다 못해 추운 저장고에서 그렇게 열띤 설명을 들었는데 애정이 안 생길 리가.

모두 다 그 농장에 빠져들게 되었다. 그리고 마침내 맛에 대한 간단한 설명을 듣고 와인 몇 잔을 마시자 완벽히 사로잡혔다. 우리는 투어가 끝나고 각자 들을 수 있는 최대한으로 와인을 샀다.

한나절의 여행이 끝나고 다시 파리로 돌아왔을 땐 저녁이었다. 저녁 식사를 함께하면서 농장에서 사 온 와인을 마셨다. 오늘의 소감을 가볍게 나누고 집으로 돌아가기 위해 지하철을 탔는데 상쾌하다. 상쾌하다는 표현이

적절한 표현일 것이다. 평소에 보던 지하철도 유독 아름다워 보이고 팔이 아파도 힘들지가 않았다. 정말 별거 아니라면 별거 아닌 하루였고 좋은 하루였다면 좋은 하루일 텐데 환기가 된 기분이다. 그때 안 것이다.

나, 기분 전환이 필요했구나.

지금 있는 곳이 나를 충분히 받아주고 있다는 생각이 들지 않으면 편하게 숨 쉴 수 있는 감정의 자리를 찾아 나서게 된다. 그 감정의 충동을 따라가다 보면 알게 된다. 나에게 뭔가가 필요했다는 것을.

사람들은 흔히 말한다. '너 자신을 사랑하라'고.

그 말에는 당연하고 간단하다는 뉘앙스가 담겨있다. 하지만 그 말이 너무나 허공에 뜬 말 같을 때가 있다. 누군가를 사랑하기 전에 먼저 그 사람에 대해서 알고 싶어한다. 그 사람이 어떤 걸 좋아하고 어떤 걸 두려워하는지. 그런데 정작 자기 자신에게는 그런 질문을 하지 않는다. 스스로에 대해서 너무 잘 알고 있다고 생각해서다. 쉬운 일은 아니다. 타인 앞에서 솔직하게 말하는 게 어려운 만큼 내가 나에게 솔직한 것도 어렵지 않은가.

그래서 힘들다고 말하면 될 것을 다른 말로 표현한다.

바다가 보고 싶다는 건 요즘 힘들다는 뜻이고 술이 마시고 싶다는 건 감정 교류가 필요하다는 뜻이고 푹 자고 싶다는 건 마음이 무척 지친다는 뜻으로 사용한다.

힘들다는 말은 너무나 생생해서 부담스럽고 너무 맨몸 같아서 부끄럽다. 표현만 안 하면 되는 것을 자기 자신에게까지 속인다. 요즘 무슨 일 있어?라는 말에 무슨 일 있다면서 엉엉 안겨 울어도 될 것을 이렇게 말하는 것이다.

괜찮아. 그냥 바빠서.

괜찮다고 말한다고 해서 괜찮아지는 것이 아니다. 솔직하게 받아들이지 않은 감정은 마음속에 잠복해서 어떤 독처럼 조금씩 상처를 입히다 마침내 폭발하고야 만다.

친구, 딸, 아들, 동료, 연인, 부모, 한 사람에게 주어진 역할이 참 많다. 그 역할을 수행하다 보면 '나'는 언제나 뒤로 밀려난다. 누군가를 챙기고 맞추고 이해하려다 보면 정작 나는 어떤 기분인지조차 모를 때가 많다. 나를 돌보는 일에는 아무도 박수를 쳐주지 않기 때문이다.

나와 가장 가까운 나는 언제나 삶에서 무뎌진다.

세상은 자기 자신을 잊을수록 착하다고 한다. 나의 감

정보다 타인의 감정을 읽으려고 노력할 때 착한 사람이 된다. 착한 사람은 자기 자신에게 무례하다. 그 무례함은 언젠가 되돌아온다.

내가 지금 뭐 하고 있지? 나는 누구인가?

같은 질문들로 말이다.

나는 나를 항상 늦게 알아차린다. 요즘 나에게 필요한 것은 기분 전환이었다는 것을 알게 되자 하나둘씩 보이기 시작했다. 이 여행도 시간이 흐름에 따라 다시 또 익숙해지고 있다는 것을. 다시 또 내 마음에게 질문을 해야 할 때가 왔다는 것을.

따뜻하게 샤워를 마치고 침대에 누웠다. 여행 중인데도 또 떠나고 싶다. 집에 있는데도 집에 가고 싶다. 언제나 내 마음에게만큼은 지각생이다.

# 'Matin'
아침

매일 아침
우리에게는 새로운 기회가 생긴다.

8시간. 파리와 한국은 8시간의 시차가 있다.

공원에서 산책하기 전에 근처 식당 테라스에 앉아 늦은 점심을 먹었다. 곧 있으면 영업 종료라 그런지 나밖에 없다. 맑은 햇살이 공원을 비춘다. 사람들은 바쁘게 어딘가로 향한다. 고요하고 또 고요한 오후 점심을 먹으며 시차에 대해 생각해 본다.

처음엔 연락이 잘 이어지던 사람들도 머무는 기간이 길어지자 하나둘씩 연락이 어긋나기 시작했다. 같이 일하는 사람들이야 억지로라도 노력하니까 시간이 맞았지만 그렇지 않은 사람들과는 점점 더 연락이 뜸해진다. 8시간의 시차가 딱 그런 것 같다.

한 명은 조금 늦게 자고 한 명은 조금 일찍 일어나면 아무런 문제 없이 연락이 가능하지만 어느 한쪽이 조금이라도 노력을 놓는 순간 걷잡을 수 없이 멀어진다. 그렇다고 또 나의 낮과 그 사람의 밤이 완벽히 바뀌는 것이 아니라 살짝은 겹친다. 하지만 시간이 지나면 점점 서로 무엇을 하는지 알 수 없게 된다. 전혀 다른 세상에 살게 된다.

세상에서 조용히 사라지고 싶을 땐 휴대폰이 안 터지는 곳보다 오히려 시차가 많이 나는 곳이 더 좋을지도 모른다.

요즘 세상에 휴대폰이 안 터지는 곳이 있다는 건 믿기 어렵겠지만 시차가 안 맞아서 연락이 안 되는 건 그럴 수 있는 일처럼 느껴질 테니.

파리에 있으면서 좋은 점 중 하나는 시차 덕분에 아침에 더 일찍 일어난다는 것이다.

알람 없이도 새벽 일찍 일어날 때가 많다.

여름을 좋아하는 사람과 겨울을 좋아하는 사람 사이에는 간극이 있다. 비 오는 날을 좋아하는 사람과 맑은 날을 좋아하는 사람 사이도 마찬가지다. 그 무엇보다 가장 간극이 큰 건 아침을 좋아하는 사람과 새벽을 좋아하는 사람이다. 둘은 시간의 쓰임 자체가 다르다. 서로 다른 세상에 살고 있다고 봐도 무방하다.

나는 원래 겨울을 좋아하고 새벽을 사랑하는 사람이었지만 이제는 여름과 아침을 좋아하게 되었다. 최근 들어 가장 큰 변화는 아침을 사랑하게 된 내 모습이다.

밤이 되면 모든 게 조용해진다.

화려하게 빛나던 도시의 불빛도 줄어들고 소음으로 가득하던 거리도 조용해진다. 일하고 사람 만나고 뭔가를 계속하면서 바깥으로 향해 있던 몸과 마음이 멈춘다. 모든 자극이 가라앉은 새벽에 더 또렷하게 깨어나는 것이 있다. 생각이다. 대개 그때 드는 생각은 좋은 생각보다는 안 좋은 생각일 확률이 높다.

왜 그렇게 말했을까. 그때 그 선택이 옳았던 걸까. 나, 잘할 수 있을까. 보고 싶다. 미안하다 등등….

하루를 마무리하면서 스스로를 가장 많이 책망하게 되고 불안과 걱정에 휩싸이게 되는 것은 밤이다. 심지어 별일이 없어도 밤이 되면 마음이 복잡해진다. 밤에는 과학적으로 염증 수치가 더 올라간다고 한다. 여러 이유가 있지만 결국엔 몸이 회복하기 위해서다. 잘 살고 있다고 생각했는데 막상 밤이 되면 자꾸만 마음이 흔들리는 건 회복하기 위해서 깊숙한 곳에 있는 염증을 꺼내는 걸까?

생각에 빠져있다 보면 결국 내가 삶의 궤도를 벗어난 게 아닌가 하는 생각을 지울 수가 없다. 밤이면 어딘가 잘못 흘러가고 있는 기분을 떨쳐내기 쉽지 않다.

삶의 궤도는 늘 직선이 아니다.

누군가는 원을 그리며 걷고 누군가는 한참을 돌아간다. 중요한 건 벗어나지 않는 것이 아니라 벗어난 자리에서 다시 걸음을 떼는 것이다.

여름은 생명력이 강하다. 온통 초록으로 가득하고 태양도 일찍 뜨고 늦게 진다. 아침은 여름처럼 생명력이 있다. 아무리 어둡고 밤이 길어도 반드시 아침은 찾아오기 때문이다. 창문으로는 햇빛이 들어오고 거리에는 출근하는 사람들로 가득하다. 밤보다 엘리베이터에 사람도 많고 편의점에서 물 하나 사려고 해도 몇 분은 더 기다려야 한다. 이 모든 것은 다 살아있다는 증거다. 멈춰있던 것들이 다시 움직이기 시작하기에 모든 것이 북적거린다. 별로 달라진 것은 없다. 단순히 아침이 찾아왔다는 사실 말고는. 신기하게도 아침이 찾아오면 어제 걱정하던 일의 대부분은 생각나지 않는다. 아침이 주는 특유의 생명력이 마음을 한결 가볍게 한다.

아침에 생각해야지.

자꾸 생각에 잠길 때면 의도적으로 일단 잠에 들려고 하는 것도 그런 이유 때문이다. 밤이 나를 흔들어 놓는다면 아침은 다시 중심을 잡을 수 있게 도와주는 시간이다. 모든 결정과 고민은 아침에 하는 것이 좋다는 게 나의 결론이다.

매일 조금씩 흔들리고 다시 중심을 잡고 하루하루를 이어 붙이며 살아간다. 그래도 다행인 것은 아침이 있다는 것이다.

매일 아침 우리에게는 새로운 기회가 생긴다. 어떤 일이 있었든, 무엇이 나를 괴롭혔든 중요하지 않다. 오늘부터는 다른 삶을 살 수 있다. 하루를 어떻게 보낼 것인지 어떤 다짐으로 앞으로를 살아갈지는 내가 결정할 수 있다.

지금부터 잘하면 된다.

'Liberté'
자유

**진정한 자유란
하고 싶은 대로 하는 게 아니다.**

화재로 문을 닫았던 노트르담 대성당이 복원을 마치고 5년 만에 문을 열었다.

일요일 아침, 비가 많이 와서 그런지 사람이 별로 없어서 오래 기다리지 않고 입장할 수 있었다.

아름답다, 웅장하다, 위엄있다. 이런 단어로는 표현할 수 없을 만큼 기운 자체가 다르다. 게다가 미사가 진행되고 있었다. 자리에 앉아 간절하게 기도를 올리는 사람들. 그 사이로 은은하게 퍼지는 여행객들의 설렘. 정숙하지만 질서 있게 진행되는 미사. 비 덕분에 살짝은 축축한 공기까지 모든 게 완벽하다.

인간이 이렇게 큰 건축물을 만들 수 있나? 그것도 그

시대에.

고개를 한참 올려야 할 만큼 높은 천장과 성당 안을 가득 메운 마음들, 시대를 명확하게 반영하고 있는 건축 양식까지 딱 봐도 진심으로 기도한다면 효험이 있을 것 같은 분위기다.

기도도 집중할 시간이 필요하다.

단순히 눈을 감고 자신이 원하는 것을 말하는 게 아니라 마음속에서부터 간절한 무언가가 올라와서 진심으로 자기가 원하는 것을 떠올리기까지는 시간이 필요하다. 종교는 없지만 종종 기도를 올리면서 깨달은 건 생각보다 기도하고 싶은 것이 잘 떠오르지 않는다는 것이다.

별똥별을 보면서 소원을 빌면 이루어진다는 말은 그 짧은 순간에 소원을 빌 수 있을 정도로 간절하게 항상 생각하는 게 있기 때문에 이뤄지는 거라는 말이 있다. 기도도 비슷하다. 두 손을 허벅지 위에 가지런히 모으고 평소 하던 기도를 했다.

미워하는 마음이 없게 해주세요.

누군가를 미워하는 것은 내가 나를 병들게 하는 가장 빠른 방법이다. 아주 작은 미움이라도 마음에 자리 잡는 순간 걷잡을 수 없이 덩치를 키운다.

관계가 끝나면 사람이 비겁하고 옹졸해진다. 내가 살아야 하니까 그 사람의 온갖 단점을 다 떠올리기 시작한다. 사랑했던 이유가 미워하는 이유가 된다. 아무리 끝난 사이라지만 사랑했던 이유가 미워하는 이유가 되면서까지 지난 시간을 부정할 필요가 있을까. 게다가 이미 끝난 관계인데 계속 미움이 남아 있으면 내 마음이 갉아 먹힌다. 미움은 누군가를 향한 감정처럼 느껴지지만 실제로 그 감정을 품고 있는 것은 나 자신이다.

기도를 끝내고 마저 성당을 둘러봤다. 기념품을 판매하는 곳에서 잠시 구경을 하다가 조각상을 하나 샀다. 친구 어머님이 천주교인이시라 선물로 드리면 무척 좋아할 거 같은 조각상 하나를 안고 성당을 나섰다.

다음날, 퐁피두 센터로 향했다. 곧 5년 동안 공사를 한다. 건물의 노후화로 인한 안전 문제 등 전반적인 개선을 위해 오랫동안 공사에 들어가기 때문에 얼른 다녀와야 했다. 퐁피두 센터는 딱딱한 미술관의 틀을 깬 공간이다. 의도적으로 배관, 철골, 환기 시설을 다 밖으로 드러내서 안과 밖이 바뀐 듯한 느낌을 준다. 겉에는 온갖 것들이 노출

되어 있고 오히려 내부는 깔끔하다. 이런 전반적인 특징이 모여 자유로운 분위기를 형성한다. 현대 미술의 보물 창고라고 불릴 만큼 20세기 대표 작가들의 작품이 가득하다.

몇 시간의 관람을 끝내고 기념품 가게로 향했다.

조카들에게 선물해 주면 좋을 귀여운 우산과 퐁피두 센터가 그려진 스케치북을 샀다. 스케치북은 줄 사람이 있어서 산 것이 아니다. 최소 5년 이상은 오지 못할 곳이기에 언젠가 좋은 선물이 되지 않을까 싶어서 산 것이다.

여행을 가거나 좋은 장소를 갈 때마다 기념품 가게는 꼭 들르는 편이다. 그곳에서 나를 위한 선물은 잘 사지 않는다. 항상 누군가를 위한 선물을 산다. 여기서 말하는 누군가란 명확한 대상이 있을 때도 있고 그렇지 않을 때도 있다. 줄 사람이 없어도 언젠가 선물로 건네면 좋을 거 같은 물건을 사는 건 내가 주는 것을 좋아하는 사람이기 때문이라고 생각했다. 하지만 조금 더 내 마음을 들여다보니 다른 의미가 담겨있었다.

나에게 여행은 대부분 혼자 떠나는 것이기에 그곳에서 쌓인 추억은 혼자만의 것이 된다. 여행의 추억과 관련

된 것을 선물로 건네면 그 사람과 함께 있진 않았더라도 그때 당시의 추억을 공유하는 게 된다.

"퐁피두 센터가 곧 공사를 하거든요. 앞으로 몇 년간은 갈 수 없다는데 전시 보고 산 스케치북이에요."

라는 말을 하는 순간 선물을 받은 사람은 아주 잠시나마 나와 퐁피두에 대한 추억을 공유한다. 꼭 같은 시간에 함께한 것만이 공유는 아니니까.

자꾸 선물을 사는 행동에 숨어있던 또 다른 사실은 단순히 선물 주는 것을 넘어서 내가 누군가를 행복하게 하는 걸 무척 좋아한다는 거였다. 예상하지 못한 선물에 한껏 기뻐하는 모습을 보면 그렇게 행복할 수가 없다. 선물은 내가 누군가를 기쁘게 할 수 있는 수단 중 하나의 상징인 것이다. 나는 나로 인해 사랑하는 사람들이 행복해하는 모습을 볼 때 무척 행복한 사람이라는 것을 알아가고 있다.

지금 나는 무엇이든 내가 원하는 것을 할 수 있다. 원한다면 익숙한 곳으로 되돌아갈 수 있고 여기서 또 먼 곳으로 떠날 수 있다. 낯선 나라에서 자유에 대해 생각한다. 성인이 되고 어른이 되어갈수록 자유로운 환경에 놓일 때가 많다. 내가 나 스스로 밥벌이를 하게 되는 순간 자유로운 선택을 할 수 있는 순간이 많아진다.

예전에는 자유가 하고 싶은 것을 하는 거라고 생각했다. 하고 싶은 일을 직업으로 삼고 먹고 싶을 때 먹고 떠나고 싶을 때 떠나는 것. 하지만 과연 그런 게 진정한 자유일까?

이곳에서 지내면서 나 자신을 위한 선물보다는 타인을 위한 선물을 사는 날이 훨씬 많은 모습을 보면서 깨달아간다. 진정한 자유란 단순히 하고 싶은 것을 하는 게 아니라 내가 선택한 방향에 왜 그 길을 가는지 설명할 수 있는 힘이 아닐까 하고.

건네줄 사람도 없으면서 선물을 사는 내 모습을 누군가에게 설명해야 한다면 이렇게 설명하면 된다.

저는 다른 사람을 행복하게 해주는 것에서 기쁨을 느끼는 사람이에요.

언젠가 좋은 선물이 될지 모르죠. 저는 받을 때보다 줄 때 채워지거든요.

왜 갑자기 떠난 거죠? 라고 물어본다면 이렇게 설명하면 된다.

많이 흔들리고 싶어서요.

멀리 떠나고 하고 싶은 것을 하는 것만이 자유가 아니다. 내가 선택한 것에 대해 설명할 수 있는 힘이 자유다. 언젠가 이곳에서의 추억을 공유하기 위해 수취인이 없는 선물을 산다. 난 지금 그 무엇보다 자유로운 상태다. 수취인이 없는 선물을 사는 것과 훌쩍 떠나온 모든 것이 다 나의 선택이니까. 그리고 난 나의 선택에 대해 충분히 설명할 수 있으니까.

나를 알아가기 위해 길을 헤매는 지금, 점점 더 자유로워지고 있다.

# 'Mariage'
결혼

사랑이 끝날 때 마주하는 것은
결국 나 자신이다.

결혼하고 싶다.

이 말은 내가 살면서 뱉은 말 중 가장 낯선 문장이다. 내가 왜 이러지? 싶을 정도로 결혼하고 싶다는 생각이 강하게 들었다. 누나가 가정을 꾸리고 잘 살고 있는 걸 오랫동안 본 것도 이유일 것이다. 네가 잘했네 내가 잘했네 싸우다가 헤어지고 하는 게 진절머리 난 것도 이유일 것이다.

결혼은 제도 안으로 서로 들어가는 것이다. 연인 사이에서 한 많은 약속은 힘이 없다. 영원히 함께하자고 아무리 말해도 그만 만나자는 말 한마디면 모든 약속이 무용지물이 된다.

결혼은 다르다. 법적으로 서로에게 더 많은 권한을 부여하고 약속에 힘이 생긴다. 서로가 서로에게 최선을 다해야 하는 의무가 법이라는 테두리로 생기는 것이다. 그 제도 안에서 결혼한 사이기 때문에 힘들어도 먼저 손 한 번 더 내밀어야 한다. 힘들면 옆 사람에게 기댈 줄도 알아야 한다. 말의 무게를 체감하고 가족과 가족으로 묶인다. 어떤 계약처럼 신의성실의 원칙에 따라 서로 신의성실 해야 한다.

그동안 내 연애도 그다지 다르지 않았다. 말로는 연애였지만 마음가짐은 결혼과 다를 게 없었기에 이젠 제도 안으로 들어가도 되지 않을까 하는 생각이 드는 것이다.

인류 최초로 결혼을 생각해 낸 사람은 아마 그런 마음이었을 것이다.

사랑이 가지고 있는 불확실함. 인간의 나약함. 이별의 허무함. 울타리가 주는 안정감. 이런 것들을 사랑하는 사이에 부여하고 제거하기 위해 많은 사람 앞에서 사랑을 맹세하게 하고 법이라는 제도로 서로를 감싸버린 게 아닐까.

규칙이 있다는 건 좋은 것이다. 불합리하고 불평등하

다고 생각하는 순간도 있지만 제도 안에 들어가 있으면 안정감을 느낀다. 사랑의 제1규칙은 언제나 안정감이지 않은가. 어떻게 흘러갈지는 몰라도 제도로 묶이는 순간 나를 떠나가지 않을 영원한 한 사람이 생기는 기분이 들 테니까. 규칙이 없는 것은 자유가 아니라 방종이다. 규칙이 있어야 자유도 있는 것이다. 되돌아갈 곳이 있어야 여행인 것처럼.

하지만 놀랍게도 이 모든 생각보다 더 강한 이유는 치킨 때문이었다.

유독 바쁜 하루라 저녁도 거르고 일하고 집으로 돌아가면서 치킨을 하나 시켰다. 집에 도착하자마자 편한 옷으로 갈아입고 거실 테이블에 앉아 한입 먹었다. 분명 맛있어야 했다. 늦은 저녁이었고 피곤할 땐 기름진 음식이 당기기 마련이다. 몇 조각을 먹어도 맛있지 않던 그때 강한 빛 한줄기가 머리를 꿰뚫었다.

같이 먹는 치킨이 참 맛있는데.

그날 이후 스스로에게 점수를 매기기 시작했다. 과연 나는 몇 점짜리 남편일까?

노는 것은 좋아하지 않으니 다행이었다. 친구도 지인

도 별로 없고 가족을 제일 중요하게 생각하니 이것도 다행이었다. 하지만 무엇이든 혼자 하려는 습관이 있는 건 사랑하는 사람을 서운하게할 수 있다. 감점이다. 요리하는 건 무척 좋아하지만 빨래 너는 건 정말 귀찮아한다. 빨래는 아무리 예쁘게 널고 아무리 예쁘게 걷어도 행복하지 않다. 반반이다. 대청소를 한 번 하면 누구보다 깨끗하게 하지만 평소에 정리를 잘하는 성격은 아니다. 이것도 반반. 이렇게 점수를 매기다가 내가 나를 더 알아야겠다는 생각으로 이어졌다.

받아들일 때까지 오래 걸렸던 사실은 사랑이 끝날 때 결국 마주하는 것은 나 자신이라는 것이다.

예를 들어 상대방이 바람을 피워서 사랑이 끝났다면 결국 마주하는 건 신뢰를 중요하게 생각하는 내 모습이다. 상대방의 행위를 자신의 탓으로 돌리는 것이 아니다. 내가 부족했고 내가 잘못했기 때문에 상대방이 바람을 피운 것이라고 생각하는 게 아니다.

바람을 피웠다고 해서 모두 헤어지진 않는다. 신뢰보다 더 중요한 가치가 있고 그 가치를 상대방이 충족해 주고 있다면 넘어가는 사람도 있다. 내가 신뢰를 내가 생각하는 것보다 더 중요하게 생각하는 사람이라는 것을 몰랐던 것이다.

모든 사랑이 끝날 때 상대방 탓을 하고 상황을 이유로 들었지만 결국 마주하는 건 나 자신이었다. 나도 몰랐던 것이다. 내가 그 모습을 견딜 수 없어 한다는 것을. 그런 사람을 견디지 못한다는 것을.

정신분석 심리 상담을 신청했다.

내 정신세계가 어떻게 생겼고 왜 그런 생각을 하는지 상담을 통해서 분석해 주는 것이다. 나는 그 상담을 신랑 수업이라고 생각했다.

내가 나를 더 깊게 이해하면 타인을 이해하는 것도 도움 되겠지. 내가 나를 더 깊게 이해하면 명확한 기준이 생기고 그 명확한 기준이 사랑의 끝을 피할 수 있게 해주겠지.

상담은 기본이 10회다. 또 몹쓸 버릇이 나오는 바람에 신랑 수업도 열심히 들었다. 20회가 넘는 상담을 받으면서 도움이 된 것도 있고 도움이 되지 않은 날도 있었지만 한 가지 확실했던 게 있었다.

내가 견디기 힘들어하는 특정 상황은 나의 결핍 때문

이라는 것.

분명 끝내야 하는 사이가 맞지만 그 관계를 끝내지 못하는 것도 이별 후에 정말 온 마음이 다 찢어진 것처럼 아픈 것도 나의 결핍 때문이라는 걸.

어린 나이에 어머니가 세상을 떠난 건 아무런 문제가 되지 않는다고 생각했다. 아버지가 그만큼 많은 사랑을 주셨고 오랜 시간 동안 어머니의 부재를 천천히 극복했으니까. 하지만 어린 나이에 어머니가 갑자기 세상을 떠나 버린 건 나에게 상처로 남아있었다. 말없이 그렇게 떠나 버린 건 어린 시절 내 마음 깊숙한 곳에는 배신으로 남아 있던 것이다. 다른 건 다 괜찮아도 친구가 날 배신하면 견딜 수가 없었다. 사랑하는 사람이 내 뒤통수를 치고 동료가 나를 배신하면 견딜 수가 없었다. 다른 건 아무래도 상관 없었다.

아버지가 돌아가신 건 서른이 넘었을 때였으니 천천히 극복하고 있다고 생각했다. 하지만 그것도 아니었다. 내가 스무 살 때부터 투병하신 아버지가 언제 돌아가실지 모른다는 불안에 휩싸여 매일 불안해하던 시간이 10년이 넘는다. 그러다 결국 아버지마저 보내고 나의 모든 울타리가 사라졌다. 이제 어떤 결정도 터놓고 얘기할 수 있는 어른이 내 옆에 없다. 그 모든 날은 고스란히 상처로 남았다.

그 상처는 사랑하는 사람과의 관계가 깨지는 것에 대한 극도의 공포를 심어놓았다.

두 번의 장례식은 나에게 상처를 주지 못했다고 보이길 원했던 것뿐이다.

괜찮아 보이고 싶어서 스스로를 속인 것이다. 상처가 많다는 건 약점이 될 수 있으니 나 자신마저도 속인 것이다.

끝내야 하는 사랑을 끝내지 못한 것도 사랑이 끝났을 때 견딜 수 없이 힘들었던 것도 추억 때문일 것이다. 그 사람의 좋은 점 때문도 있을 것이다. 함께한 시간과 함께 먹은 저녁 때문도 있을 것이다.

하지만 그 모든 것들 사이 가장 깊숙한 곳엔 사랑하는 사람을 잃는다는 것에 대한 나의 결핍 때문이었으리라. 이별은 죽음하고 똑같으니까. 내가 사랑하는 사람을 잃는다는 것에 대한 두려움이 있다는 걸 알게 되자 그동안 이해되지 않았던 나의 수많은 선택이 이해되기 시작했다.

아주 먼 곳으로 떠난 지금에서야 진작에 끊어야 했을 관계들을 하나씩 정리하기 시작한다.

사실 결핍은 누구에게나 있지만 인정하기 어렵다. 결핍을 인정하는 건 약해지는 일 같아서 오히려 숨기게 된다. 괜찮다고 다 극복했다며 나를 속여왔다. 상처는 감춘다고 해서 사라지지 않는다. 오히려 인정하는 순간 비로소 결핍이 내 인생을 조종하지 않게 된다. 스스로를 너무 단단하게 만들려고 애쓰다가 가장 연약한 부분은 외면하고 살아간다.

요즘은 결혼하고 싶다는 생각이 줄어들었다. 어떤 사람, 어떤 생각이 마음에 크게 자리 잡으면 자꾸만 자격을 생각하게 된다. 과연 내가 얼마큼의 좋은 사람이 되어줄 수 있을까? 결혼 생활에 대한 나의 자격을 반문하다가 안 그래도 퍽퍽한 삶, 일단 생각을 멈추고 살고 보자는 생각이다.

그래도 여전히 대립할 것이다. 결혼하고 싶다는 것과 하지 않고 싶다는 생각이.

그러나 나의 신랑 수업은 계속될 것이다.

사랑이 끝날 때 결국 마주하는 것은 나 자신일 테니

까. 인간은 자신의 결핍을 하나씩 받아들이고 벗어나기 위해 진정으로 노력할 때 한결 가벼워진다.

한 꺼풀 가벼워졌다.

가벼워졌으니 훌훌 날아가 볼까.

어디로 날아갈지 정하지 않고 날아가다 보면 어딘가에 도착하겠지.

그곳은 분명 사랑일 것이다.

## 'Mémoire'
기억

좋은 기억은 무게가 무겁고
안 좋은 기억은 부피가 크다.

살아가고 있다. 어제도 살았고 오늘도 살아내고 있고 내일도 살아갈 것이다.

살아간다는 건 시간의 흐름이 담겨있다. 흘러가는 시간에 속해서 해야하는 것들을 하는 것이 흔히 말하는 살아간다는 것이다. 가끔은 산다는 것에 의문을 던져본다. 그저 밥을 먹고 일하고 잠을 자는 일상의 반복이 과연 살아간다고 할 수 있을까?

토요일 저녁, 혼자 출근해서 일하고 있다가 당장 내일 떠나야겠다는 결심을 했을 때, 이왕 떠날 거라면 아주 먼 곳으로 가고 싶다는 생각이 강하게 들었을 때야 알았다. 꽤 오랫동안 죽은 것과 다름없는 삶을 살고 있었다는 것을. 그 어떤 인생도 행복하기만 한 인생은 없다. 그 어떤 인생도 불행하기만 한 인생은 없다. 내가 생각하는 인생은 좋고 나쁜 일이 끊임없이 엇갈려 일어나는 것이다. 그리고 그 사이를 견디고 버텨내는 시간의 총합에 가깝다.

좋은 날과 좋지 않은 날, 행복과 불행, 기쁨과 좌절이 반복해서 일어난다.

늘 좋지 않은 일이 더 많이 일어나는 것처럼 느껴진다. 행복보단 불행한 일이 더 많고 기쁨보단 좌절하고 실망하고 피로한 날이 더 많다.

선물을 사러 한 가게에 갔다가 불친절한 점원을 만났다.

들뜬 기분으로 가게에 들어섰는데 차가운 응대를 넘어서 퉁명스럽다 못해 불쾌하다. 눈빛은 숨길 수가 없다. 선한 마음을 가진 사람의 눈빛이 절대 아니다. 말을 섞기 싫어서 최대한 단호하게 물어볼 것만 물어보고 얼른 자리를 일어섰다. 어차피 내가 따지지 않더라도 그 사람은 언젠가 누군가와 크게 언쟁을 벌일 것이 분명하다.

집 근처에 점심을 먹으러 가는 중식당이 있다.

파리에서 첫 점심을 그곳에서 먹은 뒤로 흰밥이 생각

날 때면 늘 볶음밥을 먹는다. 잘 구운 돼지고기가 함께 곁들여진 볶음밥이다. 아르바이트생으로 보이는 프랑스 남자 직원이 있는데 참 친절하다. 갈 때마다 항상 그 친구가 나를 맞이해줬다. 처음엔 혼자냐고 물어보다가 나중엔 그런 질문 없이 웃으며 자리를 안내해 준다. 그럼 난 메뉴판을 열심히 보다가 결국 같은 볶음밥을 시킨다.

종일 돌아다니다가 해가 슬슬 지길래 집으로 향했다. 평소 같았으면 집에서 간단하게 음식을 만들어 먹었겠지만 만들어 먹고 치우는 게 일일 것 같아서 밖에서 한 끼 해결하고 갈 생각으로 중식당으로 향했다. 메뉴판을 보고 언제나처럼 볶음밥을 시켰다.

"아, 볶음밥은 점심에만 가능해요. 저녁엔 처음 오시죠?"

"자주 오셨으니까 주방에 말해서 만들어드릴게요."

내가 맨날 먹는 메뉴는 점심에만 가능했던 것이다. 저녁엔 처음이라 점심과 저녁 메뉴가 다르다는 것을 알지 못했다. 몇 분 지나지 않아서 평소처럼 따뜻한 음식과 함께 친절한 점원의 말이 더해졌다.

"맛있게 드세요."

하나의 예시에 불과하지만 전혀 다른 태도의 두 점원은 행복과 불행으로 확장해서 바라볼 수 있다. 두 가지 일 중에서 무엇이 더 기억에 많이 남을까? 애석하게도 안 좋은 기억이다. 불친절한 사람을 만났을 때의 기억이 더 오래 머문다.

중요한 점은 그 기억은 부피만 크다는 것이다.

아무것도 없는 방안을 가득 채운 빈 상자처럼 무게는 가볍지만 부피는 크다. 거대하기에 그 기억이 절대적일거라고 생각하지만 생각보다 손쉽게 치워버릴 수 있다.

반면 좋은 기억은 무게가 무겁다. 마음, 생각, 영혼에 늘 안 좋은 기억이 더 많이 자리 잡은 것처럼 보이는 건 단순히 부피가 크기 때문이다. 자세히 뜯어보면 그 기억들 사이로 묵직한 좋은 기억들이 자리를 잡고 삶을 유지해 준다.

반복된 일상에서 꼭 필요한 것은 나를 지탱해 줄 수 있는 좋은 기억을 자주 만드는 것이다.

어차피 인생이 일상을 반복하는 것이고 기쁨과 슬픔, 행복과 불행, 성취와 권태 사이를 왔다 갔다 하는 거라면 필요한 건 중심이다. 어디로 흘러가든 나를 다잡아 둘 수만 있다면 괜찮을 테니까.

좋은 기억은 무겁고 안 좋은 기억은 부피가 크다.

안 좋은 기억이 더 많은 공간을 차지하고 자주 생각나지만 그럼에도 살아갈 수 있는 건 좋은 기억의 무게 때문이다. 나를 지탱해 줄 좋은 기억을 많이 쌓으면서 살아가자. 사람들과 따뜻한 순간들을 천천히 쌓으면서 살아가자. 결국 사람은 기억으로 살아가는 존재다. 좋은 순간을 하나씩 수집하려 한다. 언젠가 또 삶이 흔들릴 때 그 무게가 나를 다시 중심으로 데려다줄 수 있도록.

부피에 휘둘리지 말고, 무게를 기억하며.

'Perfection'
완벽

스스로 완벽이라는 기준을 만들고
거기에 갇혀 살았던 것이다.

완벽하다는 건 이를테면 이런 것이다. 흠을 잡을 곳이 하나도 없는 상태. 단단하고 또 단단해서 문제없이 매끄럽게 진행되는 상태. 실수도 허술함도 없이 어떤 기대에 충족하는 것. 부족하지도 넘치지도 않는 상태. 수십 개의 체크리스트 중 그 어느 것 하나 체크되지 않은 게 없는 상태.

완벽에 대해서 깊게 생각하게 된 건 도서관이 시작이었다. 도서관 카드를 만들던 날 자리에 앉아 컴퓨터에 달린 카메라로 카드에 넣을 사진을 찍었다. 3, 2, 1, 찰칵.

Perfect.

사진이 문제없이 잘 찍혔나 보다. 도서관 사서는 웃으

면서 말했다.

금방 만들어진 도서관 카드를 지갑에 고이 보관했다. 어두운 도서관 문을 열고 밖으로 나오니 광장도 괜히 더 눈부시게 느껴진다. 조용한 공간에서 그 단어를 들어서였을까. 평소에도 자주 듣는 단어였지만 그날 이후로 그 단어가 머릿속에서 사라지질 않았다. 흔히 Perfect는 좋아, 문제없어, 딱 이거야 정도의 감탄사로 사용한다. 하지만 너무나 오랫동안 완벽하다라는 뜻으로 그 단어를 외워 온 나에게는 머릿속에서 의문이 사라지지 않는 것이다.

이게 완벽한가?

공연장에서 연주자가 중간중간 얘기할 때 관객의 환호가 특히 많은 순간엔 항상 말한다.

Perfect.

그날의 분위기와 어울릴만한 음식을 고르고 또 그 음식과 어울릴만한 와인을 심사숙고해서 주문하면 어김없이 들을 수 있다.

Perfect.

좋다, 라는 의미로 사용한 말이니 그렇게 해석하면 되지만 여전히 그 단어를 듣자마자 완벽이라는 단어가 먼저 떠오르는 것은 쉽게 고쳐지지 않는다. 한번 머릿속에 박힌 고정관념은 애써 노력해도 쉽게 바뀌지 않는다. 계속되는 의문.

과연 완벽한가 이게?

자주 가는 정육점이 있다. 고기의 질도 좋지만 주인아저씨가 좋은 이유가 더 크다. 매일 조금씩 달라지는 고기를 구경하다가 주문을 하면 큰 덩어리를 도마 위에 올린다. 보통 400g 혹은 600g을 사기 때문에 주인아저씨는 큰 고기 한 덩어리를 도마 위에 올려놓고 몇 초간 사뭇 진지한 눈빛으로 바라본다. 그러고는 마치 어떤 의식을 행하는 사람처럼 경건하게 큰 칼로 단번에 썰어낸다. 썰린 고기를 저울에 올렸을 때 내가 주문한 무게에 부합하면 아이처럼 웃는다. 그 모습 보는 게 좋아서 그 정육점만 가고 있다.

처음 갔을 때 주인아저씨는 무게를 측정하고 흡족한 표정을 지은 다음에 나를 한번 지긋이 바라봤다. 괜찮지? 라는 의미인 것 같았다. 나는 오른손 엄지를 들어 좋다는 의사를 표현했다.

자주 가면서 발견한 재밌는 점은 주인아저씨의 오차

범위는 생각보다 넓다는 것이다.

400g을 주문했는데 470g 정도로 썰어도 아저씨는 만족해했다. 70g은 작은 차이처럼 보일 수 있으나 전체가 400g이라는 가정으로 보면 꽤 높은 오차인데도 주인아저씨는 언제나 자신의 감에 만족하는 것 같았다. 그러던 어느 날 처음 보는 고기를 시킨 적이 있었다. 맨날 사던 것은 전체적으로 덩어리가 컸다면 이번에 고른 건 가로로 긴 형태였다. 덩어리의 모양이 달라서 그런지 아저씨는 평소보다 훨씬 더 오래 고기를 바라 보다 마침내 단칼에 고기를 잘랐다. 하지만 이번에는 실패였다. 무게가 500g이 훌쩍 넘었다. 100g 넘게 차이가 나자 아저씨는 고기를 다시 도마에 올리면서 반대 손으로 무척 **빠르게** 칼을 잡았다. 마치 자신의 실수를 얼른 되돌리려고 하는 것처럼. 하지만 난 그 틈을 놓치지 않고 말했다.

Perfect.

아저씨는 잠시 멈추더니 웃으면서 칼을 내려놓고 고기를 포장해 줬다. 좋은 하루 보내라는 말과 함께 정육점을 나선다.

몇 발짝 걷지 않았는데 웃음이 나왔다. 내가 Perfect

라는 말을 쓰다니. 나에게는 여전히 그 단어가 좋아, 라는 의미보다는 완벽하다는 의미였기 때문이다. 한번 그 말을 사용하고 나자 그런 생각이 드는 것이다. 왜 그동안 완벽하다는 것에 대해 그렇게 기준을 높게 세우고 살았을까?

내가 생각한 완벽하다는 개념은 의무에 가까웠다. 자율적이기보다는 외부 기준에 부합하는 것이다. 결점 없고 비난 가능성 없고 누구에게나 인정받을 만하고 기대에 대한 정확한 응답처럼 견고한 기준을 뜻한다. 문득 든 생각은 과연 누가 나에게 완벽이라는 기준을 만들었는가였다. 아무도 나한테 완벽해야 한다고 말하지 않았다. 아무도 나에게 기준 역시 정해주지 않았지만 스스로 완벽이라는 기준을 만들고 거기에 갇혀 살았다.

그냥 시작하는 것과 완벽하게 하는 것의 차이는 명백하다. 그냥 끝내는 것과 완벽하게 끝내는 것의 차이도 명백하다. 그게 무엇이든 완벽하다라는 말이 붙는 순간 의미가 달라진다.

완벽하게 하려는 생각으로 시작하면 처음부터 잘해야 할 것 같은 기분에 사로잡힌다. 한 번에 끝내야 할 거 같고 절대 실수하면 안 될 것 같다. 오히려 그 생각에 아무것도 시작하지 못한다. 어떻게든 시작을 했다고 하더라도 스스로가 계속 마음에 들지 않을 것이다. 그 무엇도 완벽이라는 기준에 절대 부합할 수 없다.

정육점에서 나도 모르게 Perfect라는 말을 뱉고 난 뒤로는 그 단어를 사용하는 날이 많아지기 시작했다. 와인 괜찮냐는 질문에도 Perfect. 음식 어떠냐는 질문에도 Perfect. 약속을 잡을 때도 Perfect. 모든 대답은 다 Perfect이다. 그리고 여전히 나에게 그 뜻은 좋다는 말이 아니라 완벽하다는 뜻이다.

완벽하다는 말을 뱉어본 적이 있는가?

내가 언제 완벽하다는 말을 뱉었는지 기억하지 못하는 사람이 많을 것이다. 너무나 많은 기준을 통과해야 하는 말이기 때문이다. 하지만 누군가에게는 좋아, 라고 들렸을 그 말을 완벽하다는 의미로 계속 사용하다 보니 완벽하다는 것에 대한 저항이 줄어들기 시작했다. 그래, 이게 완벽한 거지. 완벽한 게 뭐 거창한 거라고.

어쩌면 그동안 필요했던 건 완벽을 제거하는 게 아니었을까. 완벽이라는 자리에 좋아, 라는 말을 집어넣는 것만으로도 삶이 한결 더 유해진다.

완벽하려면 모든 게 다 좋아야 한다. 어떤 흠도 없어야 한다. 좋다는 개념으로 접근하면 이야기가 달라질 것이다. 딱 하나만 괜찮아도 모든 게 다 좋게 느껴질 수 있다.

햇빛이 좋은가? 완벽하다.

사랑하거나 사랑받고 있는가? 완벽하다.

무사했는가? 완벽하다.

오늘 하루 통째로 좋지 않아도 괜찮다. 단 하나라도 좋았다라고 말할 수 있다면 그것 역시 확실한 완벽이다.

당신의 삶은 생각보다 완벽하다.

# 'Epilogue'
에필로그

 

샤를 드골 공항에 도착했다는 음성이 흘러나왔습니다. 실내 불이 켜지고 한껏 상기된 승객들 사이에서 저 역시 부푼 마음을 안고 있었습니다. 15시간 만에 켠 휴대폰에는 메시지가 가득했습니다.

"언제 도착해? 별일 없는 거지?"

제가 비행기를 타고 파리로 오는 동안 우리나라의 한 공항에서 여객기가 착륙 중 벽에 충돌하여 폭발하는 사고가 일어났습니다. 친누나는 제가 걱정되었는지 참 많은 메시지를 보내 놨습니다. 낯선 나라에 도착하면 비행기 문을 열고 나가자마자 그 나라 특유의 냄새가 느껴집니다. 그 냄새에는 사람들의 체취뿐만 아니라 습도, 온도,

기후 같은 것도 섞여 있습니다.

저는 그 공기를 마실 때가 가장 설렙니다. 그때야 비로소 내가 다른 곳에 왔다는 사실이 실감 나기 때문입니다.

이번 여행은 달랐습니다.

설레어야 하는데 마음이 먹먹합니다. 새로워야 하는데 무섭게 느껴집니다. 세상에 일어나는 수많은 비극이 금방 잊히는 건 나의 일이 아니기 때문입니다. 세상에 일어나는 수많은 비극 앞에서 잠시 슬퍼하고 금방 일상으로 돌아갈 수 있는 건 안전거리가 확보된 비극이기 때문입니다. 매체를 통해, 나의 삶이 아닌 타인의 삶을 통해 전달되기 때문입니다. 비행기 사고였다는 것. 그 순간 나 역시 비행기를 타고 있었다는 사실은 안전거리를 무너트리기에 충분했습니다.

사고가 난 비행기에는 결혼한 지 얼마 안 된 부부부터 첫 해외여행을 떠난 사람까지 정말 많은 사람이 있었습니다. 뉴스 기사와 사고 영상을 오래 보기도 힘들만큼 마음이 아팠습니다. 공항을 빠져나와 파리 시내로 가는 차 안에서 스스로에게 물었습니다.

만약 오늘 네가 사고 났다면 넌 뭘 가장 후회할 거 같아?

가지고 싶었던 물건, 이루고 싶었던 꿈 그런 건 생각도 나지 않았습니다. 떠오르는 건 그런 것들이었습니다. 바쁘다고 누나와의 저녁을 미룬 것. 조카들을 더 자주 보지 못한 것. 친구와 함께 저녁 먹으면서 수다를 떨지 않은 것. 감사한 것들보다 안 좋은 것들을 더 많이 바라보며 살았던 것. 영원할 줄 알고 끊임없이 다투던 시간들. 보지 못한 꽃, 가지 못한 휴가 같은 것.

언젠가부터 행복을 미루는 사람이 됐습니다. 다음에 해야지 하면서 미루는 게 습관이 됐고 뭔가를 하려고 하면 날을 잡고 하려는 성향이 강했습니다. 이제는 이런 의문이 드는 것입니다.

과연 나에게 내일은 보장된 것인가? 행복을 미루면 두 배로 오나?

이렇게 된 거 한번 최대한 흔들려보자. 낯선 이방인으로 낯선 나라에서 충분히 흔들리며 산 시간들은 저에게 어떤 가르침을 주었습니다. 이번에는 잘살아 볼 수 있을 것 같았습니다.

익숙한 건 금방 익숙해집니다. 자는 곳, 만나는 사람, 먹는 거, 모든 게 다 익숙해지자 다시 빠르게 원래의 저로 돌아갔습니다. 또다시 행복을 미루고 사랑을 담으며 살지 않는 것입니다. 마치 그런 저에게 벌이라도 주듯 돌아오자마자 몇 개월간은 지옥 같은 일이 가득했습니다. 다사다난한 일은 마음에 있는 사랑과 행복을 뺏어가기에 충분합니다. 인간은 망각의 동물입니다. 어쩌면 세상에 일어나는 수많은 비극과 슬픔은 항상 우리에게 말을 해줬는지도 모릅니다. 지금 당장 행복해야 하고 지금 당장 사랑해야 한다고요. 그 어떤 사건도 금방 잊히는 것처럼 세상의 모든 사건이 우리에게 알려줬던 삶의 진리 역시 금방 사라지지 않나 싶습니다.

인생은 여행 같은 것입니다. 어느 나라로 떠나든 딱 세 마디만 할 수 있으면 살아갈 수 있습니다.

고마워, 미안해, 사랑해.

인생 역시 그 세 마디면 충분할 수 있는데 왜 그렇게 복잡하게 살았던 걸까요? 행복은 틈틈이 챙겨야 합니다. 행복을 미룬다고 해서 두 배로 찾아오지도 않고 마냥 행복을 기다리기엔 인생이 너무나 짧습니다.

비 오는 오후, 카페에서 에필로그를 쓰고 있습니다.

테라스에 앉아 있는 한 부부가 실내에 있는 강아지를 구경하며 해맑게 웃습니다. 옆모습이, 안경 쓴 모습이, 눈매가 참 닮았습니다. 사랑하면 닮습니다. 사랑을 사랑하세요. 행복을 사랑하세요. 내 삶이 그것들과 닮아갈 수 있도록요.

좋은 건 항상 시간이 걸리니 행복 역시 시간이 걸릴 것입니다. 허나 내가 어떤 마음을 먹느냐에 따라서 행복이라는 뻔하고 추상적인 것이 내 것이 될 수 있습니다.

그 아무것도 보장된 게 없는 세상에서 틈틈이 행복할 수 있다는 건 삶의 축복입니다. 사는 동안 틈틈이 행복합시다.

사는 동안 틈틈이 행복합시다

ⓒ 박근호 2025년
초판 1쇄 발행 • 2025년 5월 15일
　6쇄 발행 • 2025년 11월 3일


지은이 • 박근호
마케팅 • 강진석 서예린
펴낸곳 • 도서출판 히읏
출판등록 • 2020년 4월 28일 제 2020-000109호
전자우편 • heeeutbooks@naver.com

ISBN • 979-11-92559-07-0(03810)


*이 책의 판권은 저자와 히읏에 있습니다.
*이 책 내용의 전부 또는 일부를 재사용하려면
 반드시 양측의 동의를 받아야 합니다.